KB231519

아이 속의 화가는 기다림 속에서 자란다

아이 속의 화가는 기다림 속에서 자란다
– 아트디렉터 홍동원의 그림교육 이야기

초판 1쇄 인쇄일   2003년 7월 7일
2판 1쇄 발행일   2005년 9월 9일

지 은 이   홍동원
그 린 이   홍승윤
펴 낸 이   권성자
펴 낸 곳   아이북

주   소   136-032 서울시 성북구 동소문동 2가 16번지 청암빌딩 7층
전화번호   (02)3672-7814
팩시밀리   (02)745-5994
e-mail   ibookpub@hanmail.net
출판등록   등록번호 10-1953호 등록일자 2000년 4월 18일

ⓒ 홍동원, 2003 Printed in Seoul, Korea

ISBN 89-89968-15-1 03370

값 12,000원

＊잘못된 책은 교환해 드립니다.
＊저자와의 협의하에 인지를 생략합니다.

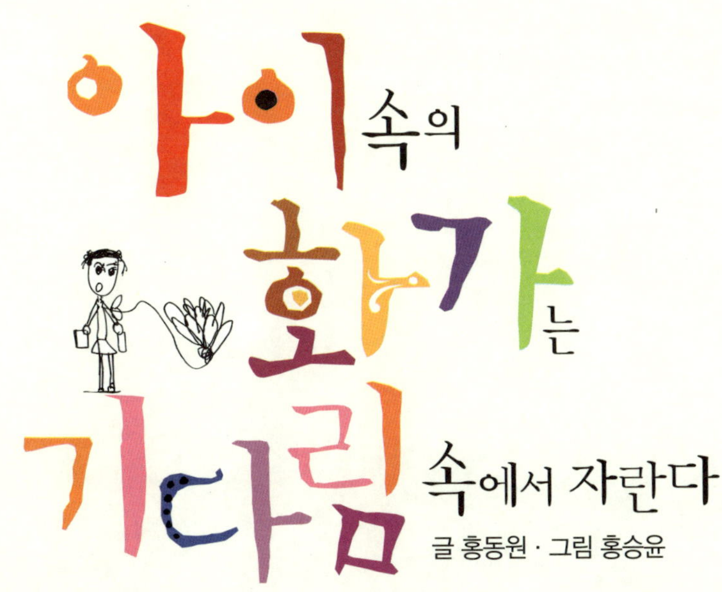

아이 속의 화가는 기다림 속에서 자란다

글 홍동원 · 그림 홍승윤

아이북

추천의 말

이 책의 저자는 내 친구다. 그런데 친구의 책이 곧 나온다는 소식을 듣고도 신선한 놀라움 같은 것이 전혀 없다. 애기하기를 워낙 좋아하는 이 친구, 벌써 한 일 년 넘게 이 책 이야기를 해 와서, "어? 그 책이 아직 안 나왔더란 말인가?" 하는 상태가 됐기 때문이다. 덕분에 책을 새삼스럽게 읽지 않아도 내용을 훤히 꿸 정도가 됐다.

하지만 친구의 책이 나온다는데 어찌 반갑고 자랑스러운 느낌이 전혀 없으랴. 문제는 그런 느낌을 갖기에 앞서 먹구름 하나가 머릿속을 슬며시 끼어든다는 것이다. "에구, 큰일났네! 걱정이다……" 친구니까 한 권쯤 공짜로 얻게 될 텐데, 그것을 과연 집으로 갖고 가도 될 것인가? 그것을 집사람에게 보여 주고도 과연 내가 무사할 것인가?

"그 사람은 당신보다 훨씬 바쁜 거 같던데, 이렇게 책까지 쓰고……! 아니, 책을 썼다는 게 중요한 게 아니라, 아이 그림 교육을 아빠가 직접 하고 있잖아!" 타박을 들어도 싸다. 우리 집에도 눈만 뜨면 그림을 그려 대는 아이들이 셋이나 있는데 나는 그 아이들을 거의 돌보지 못했다. 특히 큰 녀석은 하루에도 수백 장씩 그려 대는 통에 출판사며 병원에서 이면지 끌어다 조달하기가 벅찰 정도였다. 종이 떨어지지 않게 한 것이 내가 한 일의 전부라면 전부였을까. 어느 날 보니 집안이 온통 그 아이가 그림 그린 종이로 가득 차 어떻게든 처치하지 않고는 발을 디디기 힘든 지경에 이르렀다. 결국 나는 그것들을 노끈으로 덩어리를 지어 피라미드를 쌓고, 아이를 그 앞에 세우고 증거 사진 한 장을 박은 다음, 그것들을 지하창고에다 처박는 것으로 내 역할을 마무리했다. 물론 반 이상은 버렸다. 무엇을 그려 놓았는지 일일이 살펴본다는 것은 아예 엄두도 낼 수 없었다. 만약 그 그림들이 지하창고의 습기만 견뎌 준다면 은퇴한 뒤에 찬찬히 볼 수 있을 텐데……

반가움보다도 질투심을 더 불러일으키는 이 책을 보면서 얻는 위안 하나는
이것이다. 적어도 내가 아이의 그림을 기성품, 모범답안으로 만들지는
않았구나. 내가 방관, 즉 '아무것도 하지 않음' 이라는 어렵고도(!) 훌륭한
역할을 묵묵히 수행했기 때문에 불필요한 영향도 전혀 주지 않을 수 있었구나.
사실 이 책의 저자도 불필요한 영향으로부터 아이를 보호하기 위해 그림
교육에 직접 나섰다. 이 책이 하고 싶어하는 말도 딴 게 아니다. 아이가 가진
자연스런 표현욕의 분출을 가로막지 않고, 형식 같은 것에는 아예 얽매이지
않는 자기만의 자유로운 표현 방식에 자신감을 불어넣어 주는 것. 사실 그
이상의 그림 교육이 어디에 있겠는가. 국어 시간에 공책에 그림 그리면
야단맞고, 미술 시간에 도화지에 글자 써넣으면 핀잔 듣는 우리 교육 현실을 향해
아빠의 말과 아이의 그림이 '흥!' 하면서 웃음을 날린다.

승윤이의 그림 중에서 내가 제일 좋아하는 것은 '동대문 쇼핑몰' 이다. 밤에
동대문 쇼핑몰을 본 적이 있는 사람이라면 '아하!' 하고 어렵지 않게
알아볼 것이다. 그 불야성을 이렇게 허탈할 정도의 크레용 칠 몇 번으로 쉽게
옮겨 놓았다. 승윤이는 분명 현장에서 이 그림을 그린 게 아니다. 자신이 본
것을 마음속의 영상으로 간직해 두었다가 옮겼을 텐데, 그림은 그래서 승윤이
내면의 풍경이 됐나 보다.
물론 그 외에도 '명작' 이 많다. 연필선 몇 개로 장대한 산들을 형상화한
그림을 보았을 때 나는 그 아이 아빠를 보면서 말했다. "우리는 이제 붓을 놓자."
장대한 산들 앞에 길이 하나 있고, 그 길 위에는 꽁무니만 보이는 차 한 대를 그려
넣은 충격적인 구도……, 아빠를 윗도리, 아랫도리로 각각 한 페이지씩 나누어
그린 그림을 보았을 때도 마찬가지 충격이 있었다.

'우리 집 앞 삼거리'도 명작이다. 승윤이 왈, "길 하나에 길 하나가 더해졌는데
왜 삼거리야?" 그 단순한 질문을 대하고 나니 내가 갑자기 심오해지는 기분이다.
승윤이에게 길이 어떻게 파란색, 혹은 빨간색이 될 수 있었는지 정말 궁금하다.
길을 평생 한번도 빨간색으로 그려 보지 못한 내 속의 화가가 울먹거리기
시작한다. 끝나지 않는 길들은 화면 바깥으로 빠져나가고, 그 길 위를 자동차처럼
보이는 것이 지나가고, 그리고 집인지 새인지 모를 무엇인가가 있다.
그림 어디에도 '잘 그리겠다는' 조형의 강박 같은 것은 없다. 마냥 풀어져 있는
어떤 공기처럼 자유로운 것을 보는 듯한 느낌……, 그림 이외의 어떤 자의식이나
긴장도 다 날아가 버린 듯한 이 상태가 나는 그렇게 부러울 수가 없다.

훈련된 손은 뜻하는 곳으로 연필이 지나가게 할 수 있다. 그러나 마음먹은 대로
잘 그리는 것이 과연 그림을 잘 그리는 것일까? 아이가 그림을 그릴 때 보면
그림을 그리는 게 아이 혼자가 아니다. 연필도 제 갈 길을 가고 종이도 제 갈 길을
간다. 그런 속에서 자유분방한 새로운 형태도 탄생한다. 어른의 손, 적어도 내
손은 그렇게 하고 싶어도 하지 못한다. 자유롭게 그리겠다고 애써 보지만 정해진
코스를 갈 뿐, 습관에 갇힌 손이 답답하기만 하다.
아이들의 그림을 보면, 마침내 형태 그 자체마저도 깨뜨리는 자유에 도달한
대가의 작업과 어쩐지 닮았다는 생각이 들지 않는가?
아이 속에는 화가가 있고, 그 화가는 기다림 속에서 자라는 게
틀림없다. 누구의 입김에도 흔들리지 않는 위대한 화가의 창조 정신, 혹은 그
비슷한 것을 아이의 그림 속에서 보고자 한다면 너무 지나친 걸까?

강무성(편집자, 출판디자이너)

승윤이의 ‘생각그림’ 을 책으로 만들면서

승윤이의 ‘생각그림’ 을 책으로 만들면서

『미술과 시지각』이라는 책이 있다. 내가 대학원에 다닐 때 졸업논문을 쓴다고
읽었던 책 중 하나다. 아마도 그 당시까지 내가 보던 그림책들을 빼고는 제일
두꺼웠던 기억이다.

이 책의 도판 중에 어린아이들의 그림을 보여 주면서 조형에 대하여 설명한 부분이
있다. 순수한 조형이라는 의미에서 어린아이 그림과 정신병자 혹은 선사시대의
벽화 그림들을 비교하면서 설명하였다. 이 부분이 아직도 내 머리에 남아 있다.
순수라는 눈으로 바라보는 세상의 조형은 어떠한 것인가에 대한 충분한 설명은
아니었지만, 나에게 또 하나의 조형 감각을 만들어 준 부분이다. 그 덕분에 나는 두
가지 이상의 조형 감각으로 세상을 바라본다.

책이 하도 두꺼워 나는 얼마큼을 보았는지 자꾸 두께를 보았다. 머리가 나쁜 탓인지
진도가 나가지 않았다. 수시로 얼마나 읽었는지 책 두께를 재 보았다. 그래서인지
책을 다 읽을 즈음엔 아주 낡아 있었다.
책이 좀 너덜거리니 흐뭇했다. 마치 책의 내용을 다 이해한 느낌이었다. 이는 다
읽었을 때 나를 흐뭇하게 했던 두 가지 느낌 중에 하나이고, 나머지 하나는 부담될
만큼 두꺼운 책을 다 읽었다는 뿌듯함이었다.

나는 책을 디자인하면서 늘 그런 책을 만들고 싶었다. 새책이 갖고 있는 신선한
느낌도 나름대로 나를 흥분하게 하지만, 낡고 오래된 책이 나는 더 마음에 든다.
책도 오래될수록 그 가치가 살아나는 물건이다.
그래서 나는 새책을 만들어도 좀 누런 종이를 사용하고 싶다. 책의 크기도 좀 크게
두께도 두껍게 하고 싶다.

승윤이도 책을 만든다. 그림을 그리다 보면 자꾸 생각들이 이어지나 보다. 그래서 그림 그리는 종이를 나누기도 하고 또 이어서 그리기도 한다. 종이에 칸을 나누어 그릴 때는 접어서 책을 만들고, 이어서 그릴 때는 묶어서 책을 만든다. 혹은 따로따로 그린 그림들을 봉투에 넣어서 책을 만들기도 한다.

언젠가 이성표의 『그림으로 만든 시』라는 책을 승윤이에게 주었다. 여백이 많은 그림책이었다. 어느 날엔가 그 책에 그림을 다 그렸다고 했다. 책을 들춰 보니 여백에 빼곡이 그림들이 채워져 있었다. 각각의 그림에는 지난 몇 년간 승윤이와 나눈 이야기들이 담겨 있었다. 그림과 이야기를 엮어 책을 만들면 좋겠다는 생각이 들었다. 내가 책을 만들 거라며 사진을 찍고 돌려 주겠다고 약속하고 다짐을 해서 겨우 얻어 왔다. 결국 아이는 엉엉 울었다. 어른들은 욕심이 많다. 책을 만들겠다는 욕심에 아이를 울렸다.

이 책은 그렇게 만들어졌다. 이 책에 실린 그림은 승윤이가 네 살 때부터 일곱 살 때까지 3~4년 동안 그린 것들이다. 이 기간 동안 승윤이는 수많은 그림을 그렸다. 하지만 이 책에는 예닐곱 살 즈음에 그린 그림을 많이 실었다. 그 이유는 이 시기에 승윤이의 자아가 형성되고, 자신의 생각을 담은 그림을 그리기 시작했기 때문이다.

우리나라 교육 체계에 대해 피상적인 불만을 갖고 아이들의 유학도 생각던 내가, 최소한 아버지로서 뭔가 노력이나 해 보고 결정하자고 시작한 '아이와의 그림 그리기'. 지금은 아이와의 그림 그리기를 이대로 계속할 수 있다면, 유학을 고려할 필요가 없다는 생각이다. 끈기와 관심을 가지고 아이를 지켜봐 준다면 문제될 게 없으니까.

2003년 4월 승윤이 아빠 홍동원

승윤이의 책
승윤이는 여백이 많은 이성표의 『그림으로 만든 시』라는 책을 자신의 그림으로 가득 채웠다.
이성표가 아닌 홍승윤의 책으로 다시 탄생한 것이다.

차례

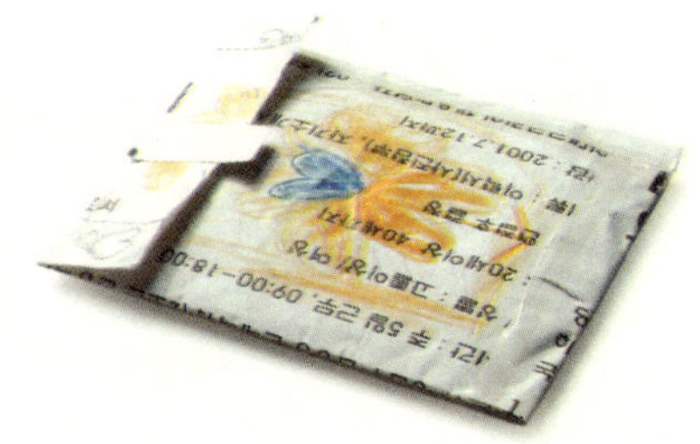

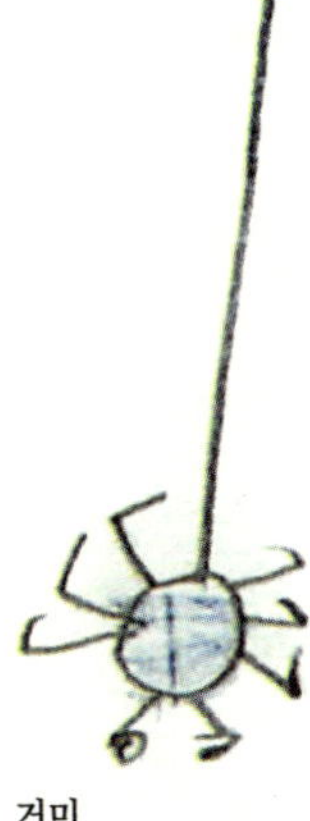

거미

가구 뒤에는 거미가 있다. 그림을
그리기 위해서 가구 뒤로 숨어 들어간
승윤이가 제일 처음 본 친구는
거미였다.

아이가 그리는 그림은 모두 '생각그림' 이다

내겐 딸이 둘 있다. 그 중 작은 딸이 그림을 그린다. 아주 많이 그린다. 내 책상에도 그 아이의 책상에도 그림을 그린다. 그 그림은 벽으로 번져 나가고 바닥으로 퍼져 나간다. 어른들이 뭐라고 한다. 싫어하는 눈치다. 그 아이의 그림은 숨기 시작한다. 책상 위의 그림은 책상 밑으로, 벽에 그리던 그림은 가구 뒤의 벽면으로 숨는다. 아이는 바닥에 누워 뒹굴다가 의자 밑으로 들어간다. 의자 밑에 열심히 그림을 그린다. 이렇게 그 아이의 그림은 어른들이 쉽게 눈치채지 못하는 곳으로 숨어 들어간다.

나는 가구를 옮기다가 순수라는 단어를 떠올린다. 언제 그렸는지 어떻게 그 좁은 틈으로 들어가 그렸는지 모르는 낙서를 보았다. 순수하다고 주장하는 화장품의 광고에서도 동감을 하지 못했었는데, 어른들의 말을 안 듣고 가구 뒤에 그린 낙서를 보면서 나는 불현듯 순수라는 단어를 떠올린다. 루돌프 아른하임Rudolf Arnheim이 지은 『미술과 시지각Art and Visual Perception』이라는 책에서 보았던 도판들을 떠올린다.

아이들이 자라나서 어른이 되는 것이 아니다. 아이들은 아이들의 세상이 있다. 어른들은 어른들의 세상이 있다. 그리고 로마에 가면 로마의 법을 따르라는 말이 있다. 아이들의 세상은 어떤 것인가? 피터팬이 떠오른다. 내가 어릴 때 살던 세상을 잊고 사는 피터팬이라는 생각이다.

"승윤아, 승윤이는 그림을 잘 그리는구나!"

가구를 옮기다가 멍하니 서 있는 아빠를 보면서 언제 야단을 맞을지 조마조마했었나 보다. 승윤이는 내 말을 못 알아들었다. 그 아이는 이미 야단을 맞은 얼굴이었다. 눈에 눈물이 그렁했다.

“그림을 잘 그린다고.”

아이에게 미안했다. 내가 그 동안 얼마나 야단을 쳤기에 아이가 지레 겁을 먹었을까 싶다.

“아빠가 암만 생각을 해 봐도 승윤이는 그림을 잘 그린다.”

아이는 그제야 표정이 밝아지기 시작했다.

아이의 그림은 숨어 있던 곳에서부터 벽을 타고 나타나기 시작했다. 아마 아이들 세상에는 벽에 그림이 잔뜩 그려져 있나 보다. 아이의 밝아지는 표정을 따라 나온 그림들은 정말로 다양했다. 이 아이가 이렇게 많은 그림을 그렸다는 것이 믿어지지 않는다.

나는 아이와 이야기를 했다. 그 많은 보석들을 어떻게 할 것이냐고 나는 아이에게 물었다. 그 아이는 내게 그 소중한 보석들을 다 주었다. 그리고 더 많이 그려 주겠노라고 약속도 했다.

어른들의 세상에서는 앨범을 만드는 습관이 있다. ‘그림책을 만들어야지’라고 나는 생각했다.

“이 그림은 무슨 이야기야?”

나는 아이에게 묻는다.

“아빠는 그림도 잘 그리면서 그것도 몰라?”

아마도 저 말은 아이가 아이들 세상에서 여행을 나와 어른들 세상에서 살기 시작하면서 배운 말일 것이다. 그저 미안할 뿐이다.

“잘 모르겠는데 가르쳐 주면 안 되나?”

승윤이는 그 아이가 사는 세상에 대하여 이야기를 시작했다.

아이들이 보는 세상

아이가 그리는 그림은 어른들의 생각으로 보면 다 거짓말이고, 말도 안 되는 비례를 갖고 있으며, 황당무계하다. 그 그림은 아이들의 생각을 그린 그림이다. 본 대상을 그대로 그린 그림이 아니다. 아이들은 대상의 형태와 색상, 그리고 그 느낌을 그린다. 그 중 느낌을 가장 두드러지게 그리는 것이다.

나는 속으로 빌었다. 아빠가 잘 모르더라도 자꾸자꾸 이야기를 해 달라고, 그리고 언젠가 아이들 세상으로 다시 돌아갈 때 아빠가 잘 모르더라도 같이 데려가 달라고.

나는 승윤이가 이야기해 주는 아이들 세상에 대하여 잊어버리지 않으려고 기록하기 시작했다. 아이는 열심히 자기 이야기를 들어 주는 아빠를 보며 더욱 신이 나나 보다.

승윤이는 이제 더 이상 벽에다 책상에다 그림을 그리지 않는다. 사실은 조금은 그린다. 그 아이가 비밀이라며 내게 속삭여 준 말이다.

승윤이는 아빠에게 주려고 종이에다 그림을 그린다. 아이는 나에게 선물이라며 그림을 준다.

어느 날 나는 아이들 나라로부터
선물을 받았다

아이의 선물에 이런 글이 씌어 있다.

"아빠! 힘내세요."

나는 아이가 내게 해 준 이야기를 책으로 만든다. 내가 잘 이해를 못하는 부분은 아른하임이 지은 몇 권의 책을 사전삼아 글을 쓴다. 그리고 그 동안 그림을 그리면서 참고삼아 보았던 책들을 생각하면서 아이가 내게 해 준 이야기를 쓴다.

아빠! 힘내세요
이 그림은 내가 IMF를 겪으면서 한참 힘이 들었을 때 아이가 그려 주었던 그림이다.
내가 아이의 선물을 받고 힘이 덜 들었던 것은 아니다. 하지만 아이의 그림 한 장이 나에게
힘들어도 견딜 만한 인내심을 주었다.

선물 1

신문에 끼어서 오는 광고지는 전부 승윤이 차지다. 모처럼 좋은
종이를 봐 두었다가 아빠에게 줄 선물 봉투를 만들었다. 봉투를 곱게
접어 그 속에 그림 선물을 잔뜩 넣어 내게 주었다.

아이의 그림을 보면서
어른들이 주의해야 할 세 가지

아이의 그림을 보면서 어른들이 주의해야 할 것들은 너무도 많다. 그 중에 어른들이 알면서도 안 지키거나 모르는 척하는 대표적인 3가지를 적는다.

하나, 아이가 하는 거짓말은 단순한 거짓말이 아니다

아이들은 황당무계한 말을 한다. 아이들은 거짓말도 한다. 아이들은 떠든다. 아이들은 어지른다. 아이들은, 하여튼 아이들은 주의가 산만하고 말을 안 듣는다.

아이들 나라에서는 황당무계한 말은 없다. 그 나라에서는 거짓말이라는 단어도 없다. 그 나라에서는 기쁘면 큰 소리로, 그리고 기쁜 만큼 빨리 말한다. 그 나라에서는 여러 가지 일을 한꺼번에 하면 열심히 일한다고 말한다.

아른하임은 말한다.

"아이들은 생각한 만큼 이야기를 하고 표현을 한다. 그 이야기와 표현은 거짓일 수 없다. 다만 그렇게 되었으면 하는 바람을 말하는 것이다."

아이들이 성장 발육에서 가장 먼저 시각이 완성되기 때문에 아이가 눈으로 본 세상의 대부분은 아이의 머릿속에 시지각으로 저장된다. 그래서 아이들은 시각적 사고를 하며, 당연히 아이의 모든 생각은 '본 것 seeing'에 바탕을 두고 있다. 그리고 아이들은 세상의 사물과 이야기를 순차적으로 받아들이지 않는다. 사물을 받아들이는 우선순위는 시지각 발달이 완성되는 단계(5~8세)가 돼야 나누어 생각한다. 따라서 아이들은 거짓말을 하지 않는다. 단지 아이들이 눈으로 받아들인 세상을 머리에 두었다가 '순진'하게 말할 뿐이다.

둘, 아이들의 낙서는 생각의 표현수단이다

세상의 어머니들이여, 그대들의 수다는 이미 몇 천 년 동안 이어져 내려온 스트레스 해소법이 아닌가. 아이들은 낙서로 수다를 떤다. 아이들은 당연히 그림을 그린다. 눈으로 본 만큼 그린다. 생각하는 만큼 그린다. 아이들에게 낙서를 하지 못하게 하는 것이나, 당신들의 수다를 막는 일이나 같은 것이라고 본다.

30분을 넘게 전화기를 들고 떠드는 아내에게 핀잔을 주면, 아내는 전화기를 들고 화장실로 간다. 아이에게 낙서를 하지 말라고 소리를 지르면, 아이는 낙서들과 함께 책상 밑으로 숨는다.

어른이라면 누구나 아이들의 낙서가 그림으로 발전한다는 것을 알고 있

공주새
공주 눈에는 공주만 보인다. 아이가 그리는
그림은 모두가 왕족이다.
왜냐하면 승윤이는 공주기 때문이다.

다. 나도 잊었다가 승윤이를 보며 새삼스레 깨달았는데, 아이들의 세상에서
는 시계가 좀 늦게 간다.

　부부간의 대화와 여성의 수다는 반비례한다고 심리학자들은 이야기한다.
현상은 그 현상 자체에 있는 것이 아니라 현상을 만든 원인에 있다. 그 원인
을 잘 생각해 보면 누구나 알 수 있는 이야기다. 그 원인을 생각할 때에는
아이들 세상에서 사용하는 시계를 권하고 싶다.

셋, 아이들의 그림은 조형이 아니다

아이들의 그림은 아이들의 미학을 적용한다. 어른들의 미학을 적용하지 않
는다. 아이들은 포르노 그림을 보면서 어른들처럼 흥분하지 않는다. 아이들
은 만화를 포르노보다 좋아한다. 아이들은 루벤스나 미켈란젤로의 그림보

피아노
승윤이는 피아노를 친다.
피아노가 높았으면 좋겠다고
생각한다.
이유는 피아노를 치면 동생이
쫓아와 방해를 하기 때문이다.
동생 손이 건반에 닿지 못하게
피아노를 높게 그리다 보니,
다리를 그리기가 힘들다.
그래서 승윤이는 다리가
길었으면 한다.

다 피카츄를, 호호아줌마를 더 좋아한다.

만화에 나타난 가장 두드러진 특징은 만화로 표현하는 사물의 구조와 시각이다. 레오나르도 다빈치가 원근법을 만들기 오래 전부터 사물을 표현하는 기준이 있었다. 중요하게 여기는 대상을 크게 그리는 방법이다.

아이들의 그림과 원시인들이 그린 그림을 같은 조형(형태를 만듦)으로 보는 이유 중에 하나이다. 지금도 일반사람들은 그러한 방법으로 그림을 그린다.

예를 들어 사람을 그려 보자. 대부분의 사람들은 얼굴을 그린다. 왜냐하면 사람에게 가장 중요한 부분이 얼굴이라는 생각 때문이다. 이러한 표현 미학은 아직도 동양화에서 볼 수 있다.

아이들의 표현 미학을 어즙지 않은 어른들의 무지로 평가하려는 생각은 버렸으면 한다.

아쉽게도 여기서는 승윤이가 벽에다가 낙서한 그림을 싣지 못하였다. 그 이유가 나의 무지이니 어찌하겠는가. 아이에게 다시 그려 보라고 할 수 없는 노릇이니. 그래도 몇 장의 그림은 있다.

당신은 피카소의 그림을
이해하는가?

나는 미술에 대한 공부를 할 만큼(?)은 했다. 그래서 모두에게 묻는다. 피카소가 그린 것은 그림이고, 아이들이 벽에다 그린 것은 낙서라고 말하는 근거는 있는가 하고. 너무 엄청난 비교라고 생각한다면, 이중섭이, 장욱진이, 그리고 김환기가 그린 그림을 당신은 낙서가 아니라고 할 수 있는가? 만일 그들이 '그렸다' 라는 사실을 모른 체 그림을 본다면.

승윤이에게 부암동에 있는 환기미술관에 가서 환기의 그림을 보여 주었을 때 너무나도 좋아했었다. 환기의 그림은 승윤이에게는 너무나도 친근한 그림이었다. 내가 이런 말을 한다고 해서 환기에게 누가 된다고 생각하지 않는다. 고인이 된 환기도 누군가가 자신의 그림을 물질적인 가치기준으로 바라보는 것보다, 어린아이가 순수한 마음으로 자신의 그림을 좋아하기를 바랄 것이다.

그림을 보는 미학의 궁극적인 목표도 '즐겁다' 라는 의미를 아는 것이다. 아이가 그림 그리고 즐거워하면 이미 목표를 달성한 것인데 어른들은 아이를 무엇이 되게 하려고 조바심을 내는지 이해가 안 된다.

내가 승윤이에게 그림을 가르친다라는 말은 좀 어패가 있다. 하지만 일정

시간 동안 승윤이가 그림에 집중할 수 있게 외부의 방해꾼들로부터 보호를
해 준다는 차원에서 그렇다라고 말할 수 있다. 이런 일은 미술을 배운 부모
만이 할 수 있는 일은 아니라고 생각한다. 조금의 인내심을 갖고 아이의 행
동을 바라볼 수 있는 부모라면 누구나 할 수 있다. 내게는 승윤이의 그림 그
리기를 바라보는 몇 가지 원칙이 있다.

하나, 안다고 가르치려 하지 말고, 모른다고 무시하지 마라

흔히 어른들은 '그림은 이렇게 그려야지' 라고 말한다. 그림은 그 그림의 조
형이나 형태보다도 내용이 중요하다. 우리나라 속담에 '호랑이를 그리려다
가 고양이를 그렸다' 라는 말이 있다.

나는 승윤이가 고양이를 그리고 호랑이라고 말하면 그 그림을 호랑이 그
림이라고 한다. 잠시 후 승윤이가 다시 그 그림을 고양이라고 한다면 그 그림
은 고양이이다. 왜냐하면 아이들 그림의 주인은 아이들 자신이기 때문이다.

속담이 갖고 있는 내용과 관계없이 아이들은 자신의 생각을 표현하려고
한다. 비록 아이들이 호랑이를 그리려고 그림을 그리기 시작했지만, 고양이
가 아니라 얽혀 있는 실타래 같은 낙서를 해 놔도 호랑이라고 하면 그 그림
은 호랑이인 것이다. 왜냐하면 아이들은 호랑이 그림을 그리면 호랑이에 대
한 생각으로 그림을 그리기 때문이다. 그래서 그 그림은 호랑이 그림이다.

피카소가 사람이라고 생각하며 그린 그림은 사람으로 보면서, 아이들이
그린 그림을 조형의 관점에서 말한다는 자체가 어패가 있다.

둘, 아이들은 누구보다도 그림을 잘 그린다

나는 승윤이에게 그림을 그리는 방법에 대하여 한번도 설명한 적이 없다. 승윤이는 그림 그리기를 좋아한다. 참 열심히 그림을 그린다. 그리고 그림을 그리는 자신을 자랑스럽게 생각한다. 그래서 나는 승윤이가 그림을 잘 그린다고 생각한다.

아이들은 누가 가르쳐 주지 않아도 그림을 잘 그린다. 아이들은 그림을 못 그린다고 생각하면 그림 그리기를 즐기지 않는다. 그러면 그 아이는 그림을 못 그린다. 아이들이 그림을 못 그린다는 생각을 하게 만드는 것 대부분이 성급한 어른들의 판단과 간섭이다.

나는 승윤이에게 그림을 잘 그린다고 말을 해 준다. 정말로 아이를 가르치는 방법 중에 칭찬만한 것이 없다고 생각한다. 하지만 이런 생각인 나도 아이가 집안을 어지르거나 말을 안 들을 때면 야단을 친다.

그런 것을 보면 어른이 아이를 야단치는 것은 '어른 스스로가 잘 모르거나 모자라서' 라는 생각이 든다.

그림이라면 나도 어느 정도 자신이 있다. 내가 그림에 자신이 있다고 아이를 다그치거나 무리한 요구를 하지 않는다. 그리고 내가 그림을 좀 안다고 해서 아이를 섣불리 가르치려 하지 않는다.

셋, 아이의 그림 그리기를 재미있게 바라본다

아이들 그림은 못 그린 그림이 하나도 없다. 단지 어른들이 그 그림을 이해

선물 2
승윤이는 상당히 많은 그림을 내게 선물한다. 나는 선물을 받을 때마다 가슴이
두근거린다. 오늘은 또 어떤 이야기가 있을까?
예쁘게 포장하고, 그 포장지에 그림을 그린다. 그 동안 아이가 자신의 그림을 그릴 때까지
기다린 보상이라고 나는 생각한다. 아이들 세상을 이해하는 것은 어려운 일이 아니다. 단지
기다리면 된다. 어른들의 시간표에 아이들을 강제로 집어넣지 않는다면
분명히 누구나 아이들 세상에서 온 선물을 받을 것이다.

못하고 못 그렸다고 말할 뿐이다. 사람들은 아이가 그린 그림을 보고 뚜렷
한 기준도 없이 그림을 잘 그린다거나 못 그린다는 말을 한다.

내 생각에 그 기준이라는 것이 별로 신빙성이 없다. 그저 주관적인, 그리
고 몇 가지 조각조각의 그림에 대한 상식에서 비롯됐다는 생각이다. 단지
아이가 숙련된 선을 그리지 못한다고 그림을 못 그린다고 말한다면, 분명
잘못이다. 숙련된 선이 그림의 전부는 아니다.

그래서 내가 생각하는 잘 그린 그림은 무엇인가를 곰곰이 생각해 보았다.
승윤이는 그림을 그려 내게 설명을 해 준다.

아이들의 그림에는 이야기가 있다. 나는 이야기가 있는 그림을 잘 그린 그림이라고 생각한다.

나는 승윤이의 낙서 단계에서부터 그림을 모아두었다. 엉금엉금 기는 놈이 어느 날 거실 바닥에 앉아 연필로 오만 군데에 낙서를 해 대는 모습이 새삼스러워 예뻐해 주었고, 승윤이는 그런 내게 신이 나 자기가 그린 그림을 선물하기 시작했다.

"아빠, 선물이야." 승윤이는 그림을 그리고, 그 그림을 나름대로 접어 선물의 형태를 만들어 내게 준다. 자기가 받은 선물의 예쁜 포장지를 모아두었다가 그림을 포장하기도 하지만, 내가 자기가 그린 그림으로 포장한 것을 더 좋아한다는 얘기를 듣고는 승윤이는 자기가 그림을 그려 포장지도 만든다. 물론 선물과 함께 그림에 대한 이야기도 한참이나 떠들어 댄다.

너무 진지한 아이 표정에 아이 보는 앞에서 그 그림 선물을 꾸겨 버리기가 뭣해, 책상 위에 하나둘 모아두었다. 그러다 승윤이가 무엇을 그렸는지 궁금해졌다. 승윤이는 자기가 선물한 그림에 대하여 묻는 나에게 열심히 그림 이야기를 한다.

"아빠, 코스모스가 왜 분홍색인지 알아?"

"글쎄, 왜지?"

"으응, 달님이 몰래와서 뽀뽀를 하고 가서 빨개졌대."

봄이니까 좋아
아이는 봄이 되면 바깥으로 나갈 수 있어 너무
좋다고 했다. 꽃들도 새들도 모두 바깥으로 나와
너무 좋다고 했다.

"근데 하얀 코스모스도 있잖아. 그 꽃들은 뭐야 그럼?"

"하얀 꽃은 아직 달님이 뽀뽀를 안 해 줘서 그렇지. 하얀 꽃도 달님이 뽀
뽀를 해 주면 분홍색이 될 거야."

아이들에게는 교과서가 필요 없다

언젠가 유명한 소리꾼의 인터뷰에서 읽은 글이 생각난다.

창이라는 것이 입에서 그냥 내지르는 소리가 아닌데, 그 소리를 기호로 적
어 놓은 악보를 보고 연습을 하니 감정이 전혀 살지 않고, 그저 앵무새처럼
입만 '뻐끔대더라' 는 글이었다.

그림이라는 것이 원래 시간에 맞춰 그 시작과 마감을 정하고 그리는 것이
아니다.

아이에게 무엇을 그릴지 물어 보고 그리고 싶은 것을 그리게 하면 내 임무의 반은 한 것이다. 요즈음 유치원에 다니면서 승윤이가 배우는 그림은 영 마음에 들지 않는다. 그래도 나는 아이에게 아무 말도 하지 않는다. 승윤이는 자랑스럽게 자기가 유치원에서 그린 그림을 보여 준다.

하기야 나하고 그림을 그릴 때는 연필로 쓱쓱 그리고 이야기만 하면 되는 그림이었는데, 유치원에서 그림을 그릴 때는 종이도 좋고, 물감으로 알록달록하게 그리니 너무도 신기해서 좋아했다. 하지만 아쉬운 점은 그 그림에는 이야기가 없다. 나는 아이에게 여전히 묻는다.

"오늘은 승윤이가 어떤 그림을 그렸나?"

아이의 대답은 점점 더 단답형으로 되어 간다. 그리고 그림에 대한 이야기보다는 시간이 없어서 다 그리지 못했다라는 말과 더 그리고 싶은데 선생님이 그만 그리라고 해서 다 못 그렸다는 말을 한다.

유치원에는 그 유치원이 표방하는 훌륭한 교육프로그램이 있다. 하지만 그 어떤 훌륭한 프로그램도 아이가 하고 싶어하는 것을 하도록 지켜봐 주는 것보다 좋은 것은 없다고 생각한다.

다른 아이가 그림을 그린다고 나도 그림을 그려야 하고 다른 아이들이 색깔을 칠한다고 나도 색을 칠해야 하고, 다른 아이들이 그림을 다 그렸다고 나도 그림을 마쳐야 된다면 이미 그 그림은 자기 그림이 아니다.

아이를 교육기관에 맡기고 내 아이의 우수성을 주장하는 학부모의 탓도 있겠지만, 너무 결과를 일찍 보여 주려고 아이를 다그치는 일은 하지 않았으면 한다. 아이가 하고 싶은 것을 다 할 때까지 기다려 주는 과정이 어른들

승윤이가 유치원에서 그린 그림
승윤이는 이 그림을 멋있는 그림이라고 말한다. 나는 이러한 종류의 그림에 대하여 할 말이 별로
없다. 아는 바가 없기 때문이다. 이 그림들에도 내가 말하는 그림의 요소 형태, 색상, 느낌 모두가
있다. 그러나 제일 중요한, 그림을 그리는 아이의 느낌이 형태나 색상에 가려 보이지 않는다.

의 일이고 교과서보다도 좋은 것이다.

나는 대학에서 강의를 하면서 종종 학생들에게 물어 본다. 모나리자 그림을 보고 명화라고 느끼는 사람이 몇이나 되는지. 혹시 남들이 명화라고 하니까 명화라고 말하는 것은 아닌지. 이미 시대와 문화가 바뀌어서 그림 속의 뚱뚱한 15세기 여인네는 더 이상 미인이 아니고, 그림의 재화적인 가치를 빼고 나면 무엇 하나 지금 시대를 사는 사람들의 미적 가치관과 연관지을 수 있는 것은 없다.

아무런 의심 없이 교과서에 실린 모나리자를 보고 명화라고 외워 버린 우리는 참으로 불쌍하게도 그 명화에 대하여 한마디의 찬사를 보낼 상식도 없는 사람들이다. 아이에게 모나리자 그림을 보며 그 그림이 왜 명화인지 설명할 수 있는 상식을 갖고 있는 부모가 얼마나 될까를 생각해 본다.

교과서는 없어서는 안 될 지식의 보고이기는 하지만, 우리를 이런 무식의 수준으로 만들 수 있다. 그래서 나는 차라리 미술관과 화랑이 더 나은 미술 교과서라고 생각한다. 하지만 우리 상식에 미술관과 화랑이 어디 심심할 때 놀러 갈 수 있는 곳이기나 하나.

참으로 이런 문화시설은 일반인들에게는 접근이 어려운 동네임에는 틀림이 없다. 이 어려운 동네를 어쩌다 힘들여 방문하더라도 그림에 무식한 우리로서는 참으로 이질감을 느끼는 이방인일 수밖에 없고, 무식을 방어하기 위한 침묵으로 일관하다 그 공간을 탈출해, 해방의 한숨을 쉬는 수준이다.

학교 공부가 뭐 별건가

아내의 생각은 내가 아이들 공부를 도와 주었으면 하는 것이다.

아주 가끔 아이 얼굴을 보는 나로서는 나와 아이 사이에 공부라는 것을 두고 싶은 생각은 추호도 없다.

요즈음 아이들은 공부를 해도 너무 많이 한다. 커서 얼마나 훌륭해지려고 그리도 공부를 많이 하는지 모르겠다. 내 어린 시절 이런 광고문구가 있었다. "개구쟁이라도 좋다, 튼튼하게만 자라다오."

지금 우리가 처해 있는 경쟁사회의 분위기를 모르지는 않지만, 어떻게 요렇게 요정같이 작은 아이들까지 경쟁력 강화를 위해 희생당해야 하는지, 참 너무하는 교육환경이다.

내 어릴 적에 도덕교과서에서 본 공산당에 대한 이야기가 생각난다. 공산당을 시뻘건 늑대로 그리고, 농장에서 밤낮 없이 일해 피곤에 지친 북한 주민들을 그려 넣은 그림에 이런 글이 씌어져 있었던 것으로 기억한다. 쉬지 않고 채소밭에 물을 주는 바람에 채소가 썩기 시작했고 몇몇의 주민들이 썩는 것이 안타까워 늑대에게 애원한다. 무서운 늑대는 그런 주민들을 일할 생각은 하지 않고 요령만 핀다고 마구 채찍질을 한다는.

지상낙원을 만들기 위해 어린 양민들을 혹사시키는 늑대나, 훌륭한 아이들을 만들겠다고 학교에서 공부를 마치고 돌아온 아이들의 등을 떠밀어 학원을 보내는 부모나 별반 차이가 없다고 생각한다.

나의 아이들 역시 너무나 많은 종류의 공부에 시달린다. 이런 현상은 나의 의지도 아니요, 그렇다고 아이들의 의지도 아닌 듯하다. 그럼 아이들의 엄마가 만들어 놓은 것이란 말인가? 아내에게 물어 보면 아내에게는 이미 아이들이 그렇게 공부를 많이 해야 하는 수만 가지 이유가 있다.

그 수만 가지 이유 중에 가장 대표적이면서 말도 안 되는, 그리고 도저히 이해할 수 없는 "남들 하는 만큼은 해야 한다"라는 말이 있다. 물론 내 아이를 잘 키우겠다는 생각을 갖지 않은 부모는 없다. 여기서 각설하자. 더하면 분명 부부싸움이 된다.

나와 아내는 아이들 교육에 관한 한 팽팽한 줄다리기의 관계('바깥일을 하는 남자가 아이에 대하여 뭘 알고 있나' 라는 통념에 의해 일방적으로 나의 의견이 무시된다)이다. 결국 나도 일방적으로 아이들과의 대화방법을 '그림' 으로 정한 지 오래다. 특히 둘째 딸아이 승윤이는 그림을 많이 그린다. 저 좋아 그리는 그림을 나는 굳이 '더 그려라', '그만 그려라' 라고 말을 하지 않는다. 비록 승윤이가 공부하기 싫어 그림을 그리겠다고 해도 나는 전혀 반대하지 않는다.

나는 아이들이 저 하고 싶은 공부를 하면서 다닐 수 있는 학교가 있었으면 하는 사람이다. 그림 그리고 싶은 아이들은 그림 그리고, 운동장에서 뛰어 놀고 싶은 아이들은 뛰어 노는 것이 공부인 학교. 생각만 해도 즐겁다.

나는 내 아이들이 남들보다 공부를 못한다고 해서 창피해 하지도 않고,

공부

주의가 산만한 승윤이는 엄마가 꼭 붙들여 앉혀 공부를 시켰다. 나는 정상적인 아이가 얼마나 공부를 싫어하는지 알고 있다. 공부를 시킨다는 것은 악역을 자처하는 일이다. 엄마의 눈과 아이의 눈을 보면 재미있는 사실을 볼 수 있다. 아이는 공부가 다 끝났다고 즐거워하는 표정이다. 하지만 엄마의 눈을 보면 뭔가 즐겁지는 않은 표정이다.

숙제를 안 해 가 선생님에게 야단을 맞는다고 해도 대수롭지 않게 생각한다. 수업시간에 장난을 치다 선생님에게 꾸중 들은 옛날 일들을 삼삼한 추억으로 갖고 있는 나는 아이들에게서 그 즐거운 추억거리를 빼앗아 버린다는 것은 너무도 잔인한 처사라고 생각한다.

아이들이란 적당히 말썽도 피우고, 야단도 맞으면서 자라야 한다고 생각한다. 아이 스스로 열심히 하는 것이 무엇이든 하나라도 있다는 것이 얼마나 좋은가. 아이에게 세상을 사는 것 하루하루가 공부인 것을.

아이들을 바라보는 부모의 태도

방을 다 치우고 밥을 먹자라는 엄마의 의도는 아이에게 제대로 전달되지 못한다. '방을 청소한다' 와 '밥을 먹을 생각도 하지 말라' 는 두 문장이 아이에게 전달되고, 아이의 머릿속에는 밥을 먹지 말라는 엄마의 화가 난 목소리만 남게 된다.

아이들과의 올바른 대화를 위해서 아이들에게 어른들의 문장을 가르치고 또 그 뜻을 가르치려고 노력하기보다는 아이들이 말하는 방식을 어른들이 배우는 것이 훨씬 빠를 것이라 생각한다.

아이들의 생각과 개구리 뛰는 방향은 알 수가 없다

유치원에서 풀이 죽어 돌아온 아이가 부모에게 묻는다.

"엄마, 나 태어날 때 별 떨어졌어?"

"엄마, 나 태어날 때 용꿈 꿨어?"

어리둥절한 엄마의 얼굴을 뒤로한 채 아이는 어깨를 늘어뜨리고 운다. 엄마는 안쓰러운 표정으로 아이에게 묻는다.

"왜, 유치원에서 무슨 일이 있었어?"

아이는 울먹이며 대답한다.

"엄마도 그러고, 선생님도 그러고, 동화책에서도 훌륭한 사람은 모두 태어날 때 별이 떨어지고 용꿈을 꿨대, 근데 나는 별도 안 떨어지고 엄마가 용꿈도 안 꿨잖아!"

"강감찬 장군은 이불에다 오줌도 안 싸고 부모님 말씀도 잘 듣고, 나는 이불에다 오줌도 잘 싸고, 매일 말 안 듣는다고 야단만 맞고⋯⋯."

유치원에서 낙성대로 소풍을 다녀온 아이가 집에 돌아와서 엄마와 나눈 이야기다. 유치원 선생님이 강감찬 장군처럼 훌륭한 사람이 되라고 아이에게 들려 준 말이 이처럼 왜곡될 수도 있다.

아이에게는 부모만큼 훌륭한 위인은 없다. 아이들에게 아빠는 이순신 장군보다도 훌륭하다고 말한다. 그런데 아빠가 어렸을 때 이불에 오줌도 많이 싸고 할머니에게 야단도 많이 맞았다고 이야기해 준다.

아이가 잘못되라고 야단을 치는 부모는 없다.

그러나 그 야단을 듣는 아이들은 이런 생각을 할 수도 있다.

"우리 엄마는 계모야."

"팥쥐 엄마야."

"매일 나에게 잘못했다고 야단만 쳐."

콩쥐팥쥐라는 동화를 읽고 난 아이가 한 말이다.

아이들은 자신의 감정을 숨김없이 표현한다. 동화에 나오는 계모의 행동과 지금 아이를 키우는 당신의 행동이 다르다고 말할 수 있을까? 아이를 대하는 부모의 태도부터 왜곡되어 나타난다.

아이들은 자신의 의사와 감정 표현 기술이 어른들에 비해 상당히 부족하다. 아이들은 기분이 좋으면 웃고 떠든다. 나는 내 아이에게 무엇이 그리

엄마와 동생

승윤이 눈에 비친 엄마가 동생을 야단치는 모습이다.

물론 엄마가 야단을 치면 동생은 대부분 시무룩해지거나 울어버린다.

엄마는 큰소리로 야단을 친다. 아이는 도망간다. 하지만 아이는 엄마를 무서워하는 눈치는

아니다. 단지 엄마는 큰소리를 지르는 사람이라는 생각에 아이도 같이 큰소리를 지른다.

단계가 이쯤되면 어른들은 생각을 해 봐야 한다.

즐겁냐고 물어 본다. 그리고 상황이 웃고 떠들 만하지 않을 때는 아주 작은 목소리로 아이와 이야기를 시작한다. 그러면 아이들도 작은 목소리로 대답한다.

떠드는 아이들에게 시끄럽다고 어른들이 소릴 지르면 당장은 아이들이 어른들의 커다란 목소리에 제압되어 조용히 하겠지만, 조금 지나지 않아 그 크기의 목소리가 아이들 입에서 나온다. 나는 아이들이 큰소리를 지르는 이유가 다 그 부모에게 있다고 생각한다.

아이들도 어른들을 관찰한다. 특히 부모는 아이들의 가장 큰 관찰 대상이다. 그리고 부모들이 하는 대부분의 행동을 따라한다.

아이와 함께 그림을 그릴 때는 우선 아이와 대화를 해 아이가 무슨 생각을 하고 있는지 알고 있어야 한다. 그리고 옆에서 지켜보고 있으면 된다. 그림을 보고 아이와 이야기를 정리해야 한다. 아이들이 그리고 싶은 것은 무엇이며 무슨 생각으로 그림을 그리는지 또 그림 속에는 무슨 이야기가 담겨 있는지. 그림을 그리는 이야기의 창작자로서 아이는 전권이 있다.

그리는 도구

아이들이 사용하는 그림 도구는 아이들이 편하게 다룰 수 있어야 한다. 선이 굵은 크레파스나 수채화 물감은 적당치 않다. 위의 그림도 선이 굵은 크레파스로 그렸다. 크레파스로는 아이들이 표현하고 싶은 것을 제대로 못할 수도 있다. 왜냐하면 크레파스는 채색 도구이지 드로잉 도구가 아니기 때문이다.

대부분의 아이들이 유치원에 들어가면 제대로 된 학용품을 마련하게 된다. 그 중에 그림 그리는 도구가 있다. 수채화 물감은 다른 도구들에 비하여 상대적으로 가격이 싸다는 이유 외에는 아이들이 다루기에 무척 불편한 도구이다. 크레파스도 아이들에게 적당하지 않고, 크레용이나 색연필, 그리고 간단한 미술연필 정도가 좋다고 생각한다. 미술연필도 단지 아이들이 쓰기에 편한 B 정도의 계열에서 2B 혹은 3B 정도가 적당하고 전문가들이 사용하는 4B는 적당하지 않다. 나는 아이들의 손 힘에 적당한 강도의 미술 도구를 찾아 주어야 한다고 생각한다. 모든 도구들은 아이들이 편하게 갖고 놀 수 있어야 한다. 지금 아이들이 사용하는 대부분의 미술 도구는 어른들의 기준으로 만든 것을 그대로 아이들에게 맞추어 놓은 상태이다. 이런 것을 보면 우리가 얼마나 아이들을 형식적으로 대하는지를 알 수 있다.

그림과 글

몇 번이나 하는 말이지만 나는 그림을 그린다. 하지만 회사 일은 집에까지 들고 가서 하고 싶지 않다. 아이와 그림을 같이 그리기 위해서 가벼운 일을 몇 가지 정해 작업실에서 아이와 그림을 그린다.

책을 보는 부모를 둔 아이는 책을 보고, 그림을 그리는 부모를 둔 아이는 그림을 그린다. 작업실이 따로 있어 내 책과 그림은 대부분 아이들의 눈에 띄지는 않지만, 아이들의 눈에는 내가 책 보는 사람보다는 그림 그리는 사람으로 보였나 보다.

아이 셋 모두 그림을 잘 그린다. 하지만 첫째 아이는 집에서는 낙서 차원의 그림을 그리다가 유치원에 가서 그림 그리는 방법을 배웠다. 승윤이처럼 놀이의 개념으로 그림 그리기를 받아들였다기보다 또 하나의 숙제이고 우열을 가리는 도구로서.

그렇다 보니 선생님이나 그 누군가의 눈에 잘 보이기 위해 온 신경을 쓴다. 아이가 신경을 쓰다 보니 엄마도 덩달아 신경을 쓴다. 이 정도가 되면 '가문의 명예'를 걸고 숙제를 하기 마련이다. 그렇게 엄마의 그림이 아이의 그림으로 둔갑을 해서 학교로 가고, 아이들의 숙제는 결국 엄마들 능력의 경연장이 되게 마련이다.

엄마와 책

엄마의 모습을 가장 잘 표현한 그림이다.

엄마는 말한다.

"책을 다 봤으면 책꽂이에 잘 꽂아 놓으세요."

아이는 대답한다.

"네." 그리고 책을 책꽂이에 꽂는다.

이랬으면 엄마는 절대로 화를 내지 않는다.

어쨌든 아이는 엄마가 화를 내야 책정리를 한다.

게다가 그림을 잘 그린다고 학교에서 상까지 받고 난 뒤론 내가 들어갈
틈이 없다. 하지만 둘째는 사교육의 치외법권에 있는 관계로 나와 함께 그
림을 그릴 기회가 많았다.

첫째 아이는 글을 깨치고 유치원에 갔다. 첫째 아이의 교육에 대한 엄마
의 열성은 가히 초인적이었다. 수수방관자적인 입장에서 바라볼 수밖에 없
었던 나로서는 첫째 아이에 비하여 상대적으로 소홀한 둘째에게는 비집고
들어갈 틈이 많았다.

내가 맘대로 가르쳐서일까 승윤이는 글자를 제대로 쓰지 못한다. 나는 그
런 사실에 개의치 않는다. 시간이 지나가면 자연히 알게 될 것을 잠시 남보
다 글자를 읽거나 쓰는 것이 뒤진다고 해서 안달하거나, 아이를 저능아로
볼 필요는 없다고 생각한다.

나는 글자를 제대로 쓰지 못하는 승윤이에게, "승윤이는 그림을 잘 그리
잖아, 글자도 그림이랑 같이 써 봐"라고 말해 준다. "승윤이가 보는 책은 모
두 글자랑 그림이랑 같이 있잖아. 글자랑 그림이랑 같이 있으니까 얼마나
좋아."

승윤이는 언제부터인가 자연스럽게 그림에 글자를 써넣기 시작했다.

"선생님 제발 제 딸이 미술시간에 그림만 그리지 않고 도화지에 글자를 써넣더라도
야단치지 말아 주세요. 그리고 국어시간에 글자만 쓰지 않고 중간 중간 그림을 그려
넣더라도 너그럽게 봐 주세요. 이 자리를 빌어 제가 승윤이 대신 용서를 빌겠습니다.
그러려니 하고 넘어가시면 너무나도 감사하겠습니다."

이 글을 읽으면서 생길 수 있는 오해를 없애기 위한 한마디

승윤이의 그림을 잘 이해하기 위해서는 우리 가족이 사는 근황을 좀 알아야 한다는 생각에서 쑥스럽기는 하지만 몇 자 적는다.

우리 집 살림살이는 남들보다 별로 나을 것이 없다. 그렇다고 극빈자라는 생각도 아니다. 특히 내가 표현한 아이들의 엄마, 나의 아내에 대한 표현은 세상 엄마들의 반감을 살 수 있다. 물론 이 내용을 나의 아내가 쓴다면, 내가 매도당할 부분도 엄청날 것이다. 이 글에서 표현된 사실과는 관계없이 나의 아내는 훌륭한 엄마임에 틀림 없다는 사실을 우선 밝혀 둔다.

우리가 사는 아파트는 다섯 식구가 살기에는 비좁다. 그래서 서로 부대끼며 산다. 나야 늘 집밖에 나와 사는 사람인지라 집에는 네 식구가 산다고 하겠고, 주말에나 아이들의 얼굴을 보는 실정이다. 참으로 내 아이 크는 것을 남의 집 아이 크듯이 바라보는 나다. 가족의 눈으로 보면 아버지라는 존재는 참으로 손님과 같은 존재라는 생각이 든다.

어느 날 집에 들어가 자고 있는 아내를 보니 이불 속에 다리가 네 개더라는 처용가 이야기를 하면서 나는 아내의 두 다리와 어느새 부쩍 자라버린 자식의 다리를 보는 아버지다.

아이들 눈에 비친 내 모습은 집에서는 틈만 나면 잠을 자고, 만화영화를 보자는 아이들을 협박해 뉴스를 보자고 심술을 부리며, 화장실을 차지하고 앉아 담배를 피우는 아버지다. 그나마 좋은 아버지라고 인정받는 부분은 가끔, 아주 가끔 맛있는 것을 사 준다는 사실일 것이다.

아이들이 태어나 기어다니던 일이 엊그제 같은데 이미 아이들은 부쩍 자라 나름대로 바쁜 일과 속에서 살고 있다. 뭐 그리 다니는 학원이 많은지 일주일이 모자란다. 아내는 아이가 그렇게 학원에 다니지 않으면 친구도 사귈 수 없거니와 학교 진도도 못 따라간다고 주장한다.

하지만 "사는 게 너무 힘들어!" 하는 아이가 무심히 내뱉는 소리를 들으면, '참으로 어른들이 아이들에게 못할 짓을 하고 있구나' 라는 생각이 든다. 아내도 파김치가 돼서 현관에 들어서는 아이를 보면 갈등을 하지만 이 모든 것이 다 아이 잘 되라고 그러는 거라고 주문을 외면서 자기 최면을 건다고 한다. 이렇게 힘들게 하는 공부가 아이에게 좋을 리가 없다는 것을 잘 알면서도 아이를 학원으로 내모는 아주 무능한 부모가 되는 기분으로 살고 있다.

그래서 이 책에서나마 아이들에게 칭찬을 많이 해 주고 싶다. 아이들이 억지로 해야 하는 그 많은 공부들에 힘들어 할 때 아무 도움도 못 주는 대신, 아이들이 하고 싶어서 하는 모든 것에 대하여 다 잘한다고 칭찬해 주고 싶다.

아이가 그린 아빠

왼쪽의 그림이 승윤이가 달려와 안기는 부분이고,
오른쪽 그림이 고개를 꺾어야 보이는 아빠라고 한다.
그래도 너무 높아 머리는 안 보인다고 했다.
그래서 나는 아이와 이야기를 할 때 고개를 숙인다.

벽을 타고 나온 아이의 그림

첫째 장에는 승윤이가 처음 그림을 그리기 시작할 때부터 유치원에 들어갈 무렵까지의 그림과 그 이야기를 모아놓았다.

승윤이가 그림을 그리는 종이는 번듯한 스케치북이 아니다. 아빠가 책을 디자인하는 직업을 갖고 있어 집안 여기저기에 글을 읽고 놓아 둔 원고 뭉치의 뒷면에 그림을 그린다. 간혹 글자가 인쇄되어 있는 면에도 그림을 그렸다.

그림을 가치 있게 하려면 종이도 좋은 것으로 하고, 채색도 완벽하게 해야 하지만 여기서 보여 주는 그림은 그렇지 못하다. 그저 무심히 지나가면 어린아이의 낙서로 보일 만한 그림일 수도 있다. 하지만 자세히 보면 알 수 있다. 그 어설픈 선들로 표현한 상상은 낙서가 아니라 훌륭한 그림이라는 것을.

갓난아이와 대화를 하는 엄마를 보면 우리는 이 말뜻을 쉽게 이해할 수 있을 것이다. 아이의 말이 또렷하지 않아도, 그저 웅얼거리기만 해도 엄마들은 금방 아이가 무엇을 말하려는지 안다. 그런 훌륭한 부모의 능력으로 아이의 그림을 보았으면 한다.

승윤이가 내게 자랑스러워하는 그림들

이 책을 만들며 '어떤 그림을 보여 줄 것인가'로 고민을 하였다. 나야 내 자식의 그림이니 한없이 좋아 보일 것이고, 남에게 보여 주는 것을 함부로 하면 경솔하다거나, 혹은 오해의 소지가 있을 것 같아 그림을 선별하는 몇 가지 원칙을 만들기로 하였다.

첫째, 아이가 재미있게 그린 그림

아이가 그린 그림은 그 그림만으로는 어른들이 이해하기 힘들다. 아직 표현력이 부족해서라고 말할 수도 있겠으나, 그것은 어른들의 편견이라는 생각이다. 아이들도 아이들만의 조형관이 있다. 그 조형관은 어른들도 어린 시절에 갖고 있었던 시각이고, 자라면서 점차 잊어버린 세계관이다. 여기서 말한 세계관이란 아이들 각자의 개성이다. 이런 개성을 인정하지 않고 아이들의 그림을 이해하려고 한다면 무지한 생각이다. 개성이란 서로 다를 뿐이지 우위는 없다. 그래서 승윤이가 내게 들려 준 이야기를 기준으로 그림을 설명하였다.

둘째, 아이 스스로 생각한 그림

남의 그림을 베끼는 행위를 나쁘다고만은 할 수 없다. 그림을 그리다 보면 모방을 하게 되는데 스스로 어떤 그림을 그릴까 생각을 하고 필요한 그림을 가져오는 것과, 그저 그림을 보고 따라 그리는 경우는 비교하기 까다롭고 오해의 소지가 많아 선별하였다. 그 대신에 아직은 미숙할지라도 발전 가능성이 많은 그림과 생각들을 주로 뽑았다. 표현력이 미숙할지라도 아이 스스로 생각을 정리해서 표현하는 과정이 훨씬 중요하기 때문이다.

셋째, 아이의 일상을 그린 그림

아이는 아직 원숙한 그림을 그리기 위한 신체의 근육이 발달하지 않았고, 표현 방법이 기술적으로 숙달되지 않은 상태이다. 이러한 상태에서 그리는 그림은 아주 초보적인 표현이 대부분이다. 하지만 이 초보적인 표현에서부터 개성이 나타나고, 그러한 개성은 반복적으로 계속해서 아이의 그림 속에 등장한다. 무엇보다도 아이가 일상적인 내용을 그릴 때 개성이 더욱 뚜렷하게 나타난다. 그리고 아이가 일상을 그린 그림 속에는 자신의 생각이나 바람이 가장 잘 표현되어 있으므로 우선해서 선별하였다.

동생

승윤이는 동생을 그리면서 일부러 미숙한 선을
사용한다. 아마도 동생이 아직은 몸동작이나 말이
서투르다는 생각에서 나온 표현인 듯하다.

언니

이 모습은 승윤이가 아주 고정적으로 그리는 언니의 모습이다.
긴 뒷머리, 늘 자신에게 엄하게 대하고, 뭐라고 명령하는 표정이다.
그러나 사실 내가 보기엔 언니는 승윤이보다 순둥이다.

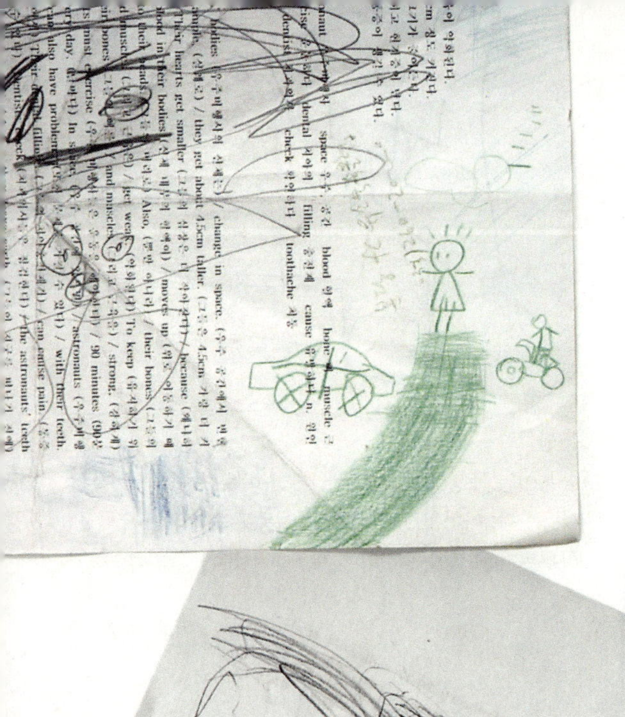

왜 사람 다니는 길이 없어?
내가 보다가 한쪽에 치워 놓은 원고의 귀퉁이에
그림을 그리던 아이가 내게 물었다.
"사람이 길로 다니고 자동차나 오토바이가 비켜가면
되잖아."
아이는 자동차가 다니는 길이 중심이 된 도로가
못마땅했었나 보다.

이면지
아이의 그림은 그 동안 숨어 있던 벽 뒤 책상 밑,
그리고 내가 그 동안 볼 수 없었던 집안의 곳곳에서
내가 쓰는 종이 위로 나왔다. 아이는 나의 눈치를
보며 내가 쓰다 버린 종이에 그림을 그리기
시작하더니 이제 내 종이는 아이것이 되었다.

심술

승윤이는 심술꾸러기다. 다른 형제들보다도 모든 면에서 눈에 띄지만, 승윤이의 심술은 유난하다. 아이도 자신의 심술은 인정을 한다. 언젠가 나는 아이에게 '그 많은 심술이 어디에 다 들어 있는지'를 물었다. 아이는 심술이 머리에 들어 있다고 대답했다. 아이는 그림을 통해 자신의 심술이 점점 줄어들고 있음을 사람들에게 보여 주고 싶어하는 것 같다.

승윤아! 네 머리는 보물주머니구나

휴일이다. 아침해가 얼굴에 비춰도 상관없이 나는 잠을 잔다. 얼마만인가 이 꿈 같은 아침잠이. 아이들이 떠들어도 난 잠을 잔다. 잠을 자고야 말 거다. 아이들 떠드는 소리가 점점 더 커진다. 그러다가 조용히 하라는 엄마의 목소리에 아이들은 잠잠해진다. 그 바람에 난 잠에서 깨버렸다. 나는 다시 집중한다. 잠을 자야 한다는 일념으로 잠 속으로 벌벌 기어 들어간다. 내 이러한 노력에도 불구하고 거부할 수 없는 숨소리가 들린다. 승윤이가 내 귀에 대고 풀죽은 소리로 말한다.

"아빠, 나랑 쪼금만 놀면 안 돼?"

$$$^%@&**!!(%^

아후~~~~복잡하다. 뭐 이리 어렵니…….

졌다. 내가 눈을 뜨고 말지…….

나는 한쪽 눈만을 가늘게 뜨고 딸아이의 얼굴을 본다.

내 얼굴을 조심스럽게 들여다보는 승윤이의 입술에 햇빛이 들어 선홍색으로 빛난다.

"아빠!" 큰소리로 부르며 승윤이는 와락 나를 덮친다.

"와, 아빠 깼어!"

난 일어날 수밖에 없다. 난 나쁜 아빠가 되기 싫다.

아빠

사실 나는 좋은 아빠가 아니다. 이 그림이 나의 평소 모습이다.

아이가 놀아 달라고 아빠를 부르면 피곤하다는 핑계로 아이들을 내친다.

이 그림은 아이 엄마가 나에게 자랑스럽게 들고 왔다.

그림이 어른들을 반성하게 만든다. 그 이후 나는 아이와 놀아 주려고 노력한다.

"뭐하며 놀지?"

"아빠, 우리 그림 그리자."

승윤이는 이미 나를 알고 있다. 승윤이는 밖에 나가서 뛰어 놀고 싶지만, 무능한 아빠는 이런 저런 핑계를 대면서 다시 누워버리는 것을 너무도 잘 안다. 그리고 아이들이 뭘 하자고 해도 시큰둥한 표정을 짓는 아빠가 유독 그림을 그리자고 하면 한번도 반대한 적이 없다는 걸 안다.

나는 아이가 그림을 그리는 것을 바라보기 좋아한다. 나는 미술대학을 졸업한 디자이너다. 조

냉장고로 달려가는 승윤이
아이는 냉장고와 놀다가 엄마가 나타나면 내게로 달려온다. 승윤이는 냉장고 다음으로 아빠를 좋아한다. 아이를 좋아하는 어른이라면 아이가 왜 냉장고를 좋아하는지 알 것이다. 아이들에게 냉장고는 먹을 것이 가득 들은 보물창고다.

그마한 작업실을 운영하고 있으며, 가끔 학교에 가서 강의를 한다. 작업실에서 같이 일하고 있는 디자이너들도, 대학교에서 내 강의를 듣는 학생들도 내게 자기 그림을 보여 주려고 하지 않는다.

작업실에서 근무하는 디자이너들은 어떻게 하면 내게 자기 작업을 보여 주지 않고 일을 마감할 수 있을까만을 생각하는 것 같고, 학생들 역시 내가 학점을 주니까 할 수 없이 그림을 보여 주는 얼굴이다.

하지만 승윤이는 내가 학점을 주지도 않는데 내 앞에서 그림 그리기를 좋

아한다. 나는 아이에게 늘 이런 말을 한다. "어유 승윤이는 어쩌면 이렇게 그림을 잘 그리지." 평소에 칭찬이 박하다는 말을 듣는 내가 아이에게 내가 생각해도 과분한 칭찬을 해 준다.

승윤이는 그 칭찬 한마디에 신이 나서 그림을 그렸고, 내가 없을 때 그린 그림은 언제라도 내게 보여 주고 싶어한다. 솔직히 말하면 칭찬해 주는 데 돈 드나 하는 생각에서 시작된 일지만, 이렇게 아이가 좋아하고 나도 그림을 그리며 짓는 승윤이의 얼굴 표정이 얼마나 예쁜지 아는데, 아이에게 그림 그리지 말라고 할 이유가 없다.

어느 날인가부터 나는 아이의 그림을 볼 수가 없었다. 내가 오히려 "승윤이 그림 안 그리나?" 하고 물으면 아이는 시큰둥한 표정만 지었다. 왜냐고 물어도 아이는 대답을 하지 않았다. 아이 엄마에게 물어 그 이유를 대충 알게 되었다.

얼마 전부터 승윤이가 유치원에 다니기 시작했다. 승윤이는 당연히 그림을 잘 그린다고 생각해서 너무도 신나게 그림을 그려 선생님에게 보여 주었다. 선생님이 무슨 말을 했는지는 잘 모르겠지만, 아빠에게 그림을 보여 줄 때 반응과는 달랐나 보다. 아이는 그 날 집에 돌아와 아빠는 거짓말쟁이라고 엉엉 울었고, 결국 승윤이는 나를 아이에게 거짓말을 하는 한심한 아빠로 보기 시작한 것이다.

그렇지만 아빠가 아무리 생각해도, 승윤아 너는 정말로 그림을 잘 그린단다.

개미, 개미, 개미

승윤이는 개미를 싫어한다. 네 살짜리 승윤이에게 '개미' 라는 말은 바닥을 기어다니는 모든 벌레를 칭한다. 승윤이가 개미를 싫어하는 이유는 대충 두 가지다. 아이가 방에 누워서 빈둥대는 것이 싫은 엄마가, 개미가 방바닥에 다니다가 누워서 있는 아이를 꽉 문다고 엄포를 놓았기 때문이다.

아이가 모기에 물려도 개미가 문 것이고 몸에 누운 자국이 나도 개미가 물어서 그렇게 된 것이라고 들었으니, '개미' 라는 말만 들으면 아이는 화들짝 놀란다.

또 한 가지 이유는 아이에게 개미는 너무 작아 평정 대상이 될 수 없다.

빨빨거리고 기어오는 개미를 잡으려고 손에 들고 있던 장난감도 던지고 동화책도 던져 보지만 개미는 여전히 자신에게 다가오고, 그 고사리 같은 손으로 개미를 잡으려 해도 도대체 잡히지 않으니 아이는 신경질을 내다 울어버리는 것이다.

아이들이 보는 동화책에는 개미에 대한 이야기가 많이 있다. 동화책에 그려져 있는 개미는 대부분이 착하고 부지런하게 표현되어 있다.

승윤이는 아직 글을 읽지 못하는 탓에 동화책 속의 개미를 인정하려고 하지 않는다.

개미

왼쪽의 개미는 망을 보는 개미라고 했다. 오른쪽의 개미는 도망가는 개미라고 했다.

두 개미의 눈동자의 위치와 발의 수를 보면 알 수 있다.

이런 정도라면 개미의 몸이 3등분으로 되었다고 말할 필요가 없다.

그리고 발의 수가 여섯 개라는 말도 필요없다.

아이들은 낙서 수준을 벗어날 즈음 사람을 그린다. 특히 얼굴을 그리기 시작한다. 일반적으로 엄마의 얼굴이나 자신의 얼굴을 그린다. 조금 더 시간이 지나면 주변 사물에 관심이 생기고 그 사물을 그리기 시작한다. 이때 어른들은 아이들에게 생물도감에 나오는 형태를 보여 주는 실수를 한다. 단지 형태적인 묘사가 되어 있는 그림은 이야기가 있는 그림에 비해 흥미롭지 않다. 생물도감에 있는 그림에는 이야기가 없다. 그에 비해 감정이 교감이 이루어진 아이의 그림은 이야기가 있는, 즉 살아 있는 그림이다. 어른들은 미키마우스는 인정하면서 아이들이 그리는 이런 살아 있는 그림은 인정하지 못한다. 단지 실제와는 다르다는 이유로 내용 전체를 왜곡해 버린다.

별가루

아마 승윤이가 네 살이 되던 해 겨울이었을 것이다. 아이들이 밖에 나가기에 그리 추운 날씨가 아니라 외식을 하기로 했다. 식당이 한가하지 않으면 우리 가족은 식사를 못한다. 벌벌 기는 놈 하나, 이제 막 말을 시작해 아무 말이나 웅얼거리는 승윤이, 그리고 배고프면 온세상이 다 먹을 것이고 놀고 싶으면 온 세상이 다 놀이터인 슬기, 이 셋과 함께 밥을 먹는다는 것은 전쟁과 같다. 그래서 우리 식구는 보통의 식사 시간을 피해 식당에 간다.

내가 적당한 식당을 찾으려고 두리번거리는데 승윤이가 "야, 별가루다"라고 하며 차 문을 열고 뛰어내렸다. 하늘에서 눈이 오기 시작한 것이다.

"별가루?"

"이건 별들이 뿌리는 가루야……. 별처럼 빛나잖아, 빤짝빤짝."

승윤이는 눈을 맞으면서 즐거워 어쩔 줄을 몰라했다. 별가루를 손으로 받으려고 승윤이는 한참을 뛰어다녔다. 함박눈도 아니었고 눈도 많이 오지 않아, 승윤이 손에 내려앉은 눈송이는 금방 녹아버렸다. 눈을 받으려고 이리저리 뛰어다니던 승윤이는 울먹거렸다.

"별가루는 내가 싫은가 봐."

눈이 좀 쌓이면 눈덩이라도 만들어 주련만 야속한 눈은 바닥에 얇게 내려앉자마자 녹아버리면서 아이들의 약을 올렸다. 바닥의 눈은 검은 발자국을

남기며 흙탕물로 변하였다. 이대로 아이들을 놔두었다가는 아이들 꼴이 흙탕물 때문에 말이 아니게 될 것이 뻔하였다.

그런 몰골로 어디 저녁이나 먹을 수 있겠나 싶어 뛰어다니는 아이들을 말렸지만 한창 흥분한 아이들은 아랑곳하지 않고 흙탕물 위를 뛰어다녔고, 아이들의 꼴은 한계를 넘어서 저녁을 포기해야 하는 수준이었다. 저녁을 먹는 것보다 아이들이 이렇게 눈을 좋아한다면, 눈 오는 데가 여기뿐이랴.

아이들을 차에 몰아넣고 교외로 내질렀다. 얼마 안 가 제법 눈 쌓인 들판이 보였다. 아이들은 좋아라하며 차에서 뛰어내려 들판을 뛰어다녔다. 아이들은 볼이 빨개지고 손발이 얼어도 아랑곳하지 않았다. 아이들을 겨우 달래서 집으로 돌아왔다. 아이들은 저녁 먹는 것도 잊은 채 곯아떨어지고 말았다.

별들이 뿌리는 가루
눈을 그리는 것은 쉽지 않다. 하지만 눈을 별가루라고 생각한다면 눈을 그리는 것이 쉬워진다.
별의 형태가 단조롭지 않은 만큼 아이는 어른들보다 많은 것을 본다.

자전거

독일에서 유학하고 있는 친구가 어느 날 전화를 했다. 유학을 마치고 돌아오는데 필요한 물건이 있으면 같이 싸 갖고 들어오겠다고 했다. 내가 독일에서 유학을 마치고 짐을 쌀 때 기억이 났다.

기숙사 방안에서 짐을 쌀 때는 상당히 많아 보였는데 실상 컨테이너를 빌려 이삿짐을 넣어 보니 그 엄청나던 내 짐은 컨테이너 한쪽 구석만 차지하였다. 컨테이너 운전사는 반 농담으로 내게 아예 이삿짐을 싣고 온 차까지 컨테이너에 넣으라고 말할 정도였다.

스스로 돈벌어 유학을 한 친구가 이삿짐이 많아 봐야 얼마나 있겠나. 고민할 시간을 달라고 했는데 다음날 이삿짐을 컨테이너에 넣는다고 말하였다. 지금 마지막 쇼핑을 가는데 당장 말하지 않으면 물건을 사 가는 것이 힘들다는 말도. 아무 생각 없이 나는 '자전거' 라고 했다.

그때 승윤이가 갓난아이였기 때문에 아무 생각 없이 주문한 자전거는 첫째 아이 자전거까지 세 대를 생각했고, 엄마 자전거 뒷자리에 승윤이가 앉을 수 있도록 별도의 보조 의자를 주문했다.

그래서 우리 집에 어느 날 갑자기 자전거 세 대가 생겼다.

딸에게 자전거를 가르치는 아빠에 대한 이야기는 유명하다. 딸이 태어난 날, 딸에게 자전거 타는 법을 가르쳐 준 날, 딸아이가 첫 번째로 데이트를

승윤이의 자전거

승윤이의 처음 자전거는 엄마 자전거 뒤의 보조 의자였다.
그러니까 승윤이에게 자전거는 보조 의자다. 그래서 자전거를
그리면서 의자만 그렸다.

한 날, 그리고 딸아이가 결혼한 날, 딸아이가 결혼 해 아이를 낳은 날을 아빠들은 기억한다는. 비록 자신의 결혼기념일은 빼먹을지 몰라도 그 날만은 꼭 챙긴다는 이야기였다.

남의 나라 이야기라 나는 그 이야기에 의미를 두진 않지만, 정말로 딸아이가 자전거를 처음 타는 모습을 보면 사진으로 찍어 두고 싶다는 기분이 든다.

우리 식구는 한동안 평화롭게 자전거 타기를 즐겼다.

하지만 막내가 태어나자 그 자전거 평화는 여지없이 깨져 버렸다. 승윤이 자리는 동생에게 물려졌지만, 승윤이에게는 아직 자전거가 돌아오지 않았다.

첫째 아이 자전거를 살 때 초등학교를 마칠 때까지 탈 수 있도록 좀 큰 자전거를 주문한 덕에 승윤이에게 물려 주기는 아직 턱이 높은 상태였고, 마땅히 갓난아이는 엄마의 뒷자리를 영순위로 차지하고 앉았으니, 승윤이는 참으로 난감해 하며 나를 쳐다볼 뿐이었다.

나도 이럴 땐 대책이 안 선다. 어쩌자는 말인가. 나는 때 아닌 심술을 부렸다.

"자전거 안 타!"

나는 집으로 들어와 버렸다. 거실바닥에 누워 텔레비전을 켰다. 지금 가서 자전거를 사야 하는지, 아니면 고수부지에서 빌려 타야 하는지 갑자기 모든 것이 생각하기 싫어졌다. 그 당시 경제적으로 여유가 없었던 나는 신경이 좀 날카로워져 있었다.

나의 의외의 행동에 온 가족은 잠시 후 조용히 집으로 들어왔다. 아빠의

자전거 타기 연습 1
언니의 자전거를 물려 준다고 했다.
아이는 너무 좋아 그 말을 듣는 즉시
자전거 타는 연습을 시작했다.
하지만 언니는 자전거를 주지 않았다.
그래서 아이는 자전거 없이
연습을 했다.

그런 행동을 처음 본 승윤이도 조심하는 눈치다. 승윤이는 멀찌감치 나와 떨어져 앉아 조금씩 시간을 두고 다가왔다. 조금씩 조금씩 다가오다 내가 힐끔 쳐다보면 다시 제자리로 돌아가 다른 짓을 하는 척하였다. 그런 승윤이의 행동에 처음 생겼던 내 심술은 이미 사라졌다.

나는 자꾸 승윤이를 힐끔거리며 바라보았다. 그때마다 승윤이는 뒤로 물러났고 급기야 부엌 안쪽으로 들어가 식탁 밑으로 숨어버렸다. 승윤이도 그제서야 장난이라는 생각이 들었나 보다. 식탁 다리 밑으로 고개를 빠끔히 내놓고 방실방실 웃는다. 그리고 내게 우당땅땅 뛰어와 와락 안겼다.

승윤이가 내게 친한 척하는 행동이 있다. 내 배에 귀를 갖다 대는 것이다.

"아빠 배에서는 소리가 나."

"무슨 소린데?"라고 내가 물으면, 승윤이는 굵은 목소리로 "꾸루룩 꾸루룩" 하고 재미있어 한다.

승윤이는 내 배에 귀를 대고 있다가 잠이 들어버렸다. 승윤이가 갓난아이였을 때부터 나는 자주 아이를 내 배 위에 엎어놓고 재우곤 했었다. 이유는 잘 모르겠지만 칭얼거리다가도 배 위에 올려놓으면 이내 잠이 들었다. 그런 습관 때문인지 승윤이는 내 배에 엎드리는 자세를 좋아한다.

저녁을 먹으며 승윤이는 꿈이야기를 하였다. 당연히 아빠가 멋있는 자전거를 사 주었다는 꿈이야기였다. 그냥 못들은 척하고 넘어갔다. 승윤이는 잠자리에 들 때까지도 나의 대답을 기다리는 눈치였다. 시키지 않아도 아이는 아빠의 어깨를 주물렀다. 이미 나는 아이에게 말만을 안했지 내일 자전거를 사 주어야겠다는 생각이었다. 그러나 나는 꾹 참았다. 아이를 내일 놀

자전거 타기 연습 2

자전거를 탈 때면 늘 엄마의 등을 붙잡았던 기억에 혼자 타는 자전거의 자세가 나오지 않는 것이다. 내가 집에 들어갔을 때 아이는 이런 그림을 수십 장도 넘게 그렸다.

래 주어야겠다는 생각도 있었고, 장난기가 아직 남아 있어서였다. 결국 승윤이는 원하던 답을 못들은 채 나에게 "안녕히 주무세요"라고 풀죽은 소리를 하고 방으로 들어갔다.

월요일 나는 바쁜 손놀림으로 일을 처리하였다. 아이와 자전거를 사러 가려면 중간에 빠져나와야 하기 때문이었다. 대충 일을 처리하는 나를 주시하던 몇몇이 내 일을 도와 줄 테니 다녀오라고 하여 아이에게 전화를 하였다.

내가 말을 걸기도 전에 승윤이는 재잘거리기 시작했다.

"아빠, 나 자전거 생겼다. 싱싱카도 생기고. 동생은 세발자전거도 생겼다."

승윤이는 신이 난 목소리로 자기 말만 하고 전화를 끊어버렸다. 섭섭하기도 했고, 기분이 나쁘다고 할 수는 없지만 이럴 때 찝찝하다고 하는 게 맞는 말인가 하는 생각이 들었다.

집에서 전화가 왔다. 아내가 설명을 하였다. 승윤이가 아침에 꿈이야기를 그림으로 그렸고, 때마침 찾아온 이모에게 그림 설명과 함께 어제의 상황을 슬픈 눈으로 이야기했으니, 승윤이 애교에 녹을 대로 녹은 이모가 일가친척에게 전화를 해 승윤이를 바꿔 주고, 승윤이는 더욱 슬픈 목소리로 모두를 녹였다고 한다.

이럴 땐 나는 이런 생각을 한다.

"누굴 닮아 저놈이 저렇지?"

자전거 타기 연습 3

결국 아이는 자전거가 생겼다. 나에게 전화를 해, 얼른 집에 와서 자전거 타는 법을 가르쳐 달라고
했다. 아이는 아빠를 기다리면서 자전거를 타는 자기를 그렸다. 아무리 자전거를 탄 자기를
그리려고 해도 잘 그려지지 않았다.

돈가스

전화벨이 울렸다.

"아빠, 언제 와. 돈까스 사 줘. 나 돈까스 먹구 싶어. 언제 오냐구? 나 피아노 잘쳤다구 그랬어. 잘했으니까 아빠가 돈까스 사 줘야지. 사 줘 아빠, 응?"

승윤이다. 벌써 엉엉 운다. 내가 대답할 시간도 안 주고 아빠가 안 사 준다고 우는 것이다. 승윤이는 아빠에 대해서 다 알고 있다. 그래서 승윤이는 입을 열기 시작하면서 어디쯤에서 우는 소리를 내야 하는지도 알고 있다. 승윤이는 여우다.

승윤이가 처음으로 전화했을 때는 그저 "아빠" 한마디였다. "승윤이 밥 먹었나?" 하고 물으면 "아빠"라고 한다. "뭐 먹었나?" 하고 물어도 "아빠"라고 대답한다. 어떤 질문에도 대답은 아빠였고, 한 가지 다른 점은 자신이 하지 않은 일에 대한 질문이나 부정하는 의미는 그저 침묵이다. 이러한 대화법에서 어느 날 갑자기 아주 고도로 정리된 대화 방법을 습득한 아이다.

이전에도 몇 번 간 장충동에 있는 돈가스집에 갔다.

우리 가족은 갓난아이까지 다섯 명이다. 우리는 오인분을 주문한다. 오인분 주문을 받는 주인이 이상한 눈으로 쳐다본다. 당연히 그 주인 생각으로는 보통 아이는 반인분이므로 삼인분이나 사인분이면 충분하다는 표정이었다. 음식이 나오고 난 잠시 후 우리의 건강한 아이들은 칼싸움을 하고 있었다.

돈가스를 먹어요

먹는 것 자체가 전쟁이다. 아이들은 몇 그릇이라도 해치울 분위기다.
승윤이는 먹을 것을 그릴 때 특히 즐거워한다. 입맛도 다신다.

음식을 먹는 진도가 빠른 큰아이부터 승윤이까지 갓난아이의 돈가스를 먹기 위하여 전쟁을 시작한 것이다. 그것도 아빠와 엄마가 눈치를 못 채게. 이미 엄마의 돈가스를 어느 정도 전리품으로 포획한 승윤이는 양심상 드러내놓고 전쟁을 하지 못하는 상황이었다.

아무리 생각해도 아빠와의 전쟁이 무리라고 생각한 큰아이는 만만한 막내의 돈가스에 포크와 나이프를 들이대고, 승윤이도 이에 질세라 동생에게 무기를 향하면서 식탁은 전쟁터가 된 것이다.

포크와 나이프로 무장한 셋은 참으로 용감했다. 나는 처음에는 모르는 척했다. 동생의 돈가스 상당 부분이 승윤이의 접시로 옮겨갔다. 큰아이는 자신들이 벌이는 전쟁이 오래가지 못할 것이라는 판단에 동생의 돈가스 한두 개 정도를 집어 입에 넣는 것으로 전쟁을 끝냈지만 승윤이는 욕심껏 동생의 돈가스를 빼앗았다.

내가 너무 많이 가져간 것이 아니냐며 승윤이 접시로 내 포크를 디밀었을 때, 승윤이의 포크와 나이프는 아주 강력한 바리케이드를 만들고 있었다.

기가 막혔다.

"아저씨, 여기 돈까스 한 접시 더."

"아빠만 먹어야지" 하고 승윤이를 바라보며 말했다. 승윤이는 꽉 다물었던 입을 풀고 언제 그랬냐는 듯 미소를 지으며, 그 살벌한 바리케이드를 치우더니 접시를 앞으로 내놓는 것이었다.

"나는 두 개밖에 더 안 먹었어." 내 옆에 얌전을 떨고 앉아 있던 큰아이가 말하였다. "나는 배고프단 말야." 승윤이는 더 큰소리로 언니의 말을 받았

승윤이가 원하는 돈가스

이만한 돈가스는 없어? 아이는 종이 한가득 돈가스를 그린다.

이 어마어마한 크기의 돈가스를 그리고 아이는 한없이 즐거워했다.

다. 그 전쟁통에 어안이 벙벙했던 막내도 마구 뭐라고 소리를 질러 댔다.

"차라리 두 접시 더 주세요."

돈가스 두 접시를 내려놓으며 "아이들이 돈까스를 좋아하나 보죠?" '돼지들 아냐' 하는 얼굴로 주인이 말했다. 식탁 위에는 어쨌든 평화가 왔다. 처음보다는 화기애애한 분위기의 식사였다. 추가로 주문한 돈가스도 다 먹었다. 난 한 입도 안 먹었다. 물론 아내도 안 먹었다. 우리의 훌륭한 돼지들이 싹싹 먹어버렸다.

"아빠, 나 배고파." 승윤이가 다시 선전포고를 했다. 나도 더 이상은 물러설 수 없었다. "승윤아, 다른 사람들을 봐 봐. 한 사람에 접시가 한 개만 있지? 근데 승윤이는 접시가 두 개 있잖아. 그렇게 많이 먹었는데 더 먹을 수 있어?"라고 묻는 내게 승윤이는 배고프다라는 당연한 표정을 짓는다.

"아빠아, 더 먹자." 승윤이는 마구 졸라 댄다.

나는 무조건 10분 정도만 더 버티면 된다고 생각한다. 조금 후면 포만감이 올 터이고 그러면 다른 것을 먹자고 하면서 데리고 나오면 될 것이므로.

하지만 승윤이는 다른 사람들이 어찌 보든 아랑곳하지 않고 막무가내로 돈가스를 더 먹자고 하는 것이었다.

나는 승윤이에게 이렇게 설명하였다.

"우리가 다섯 명인데 칠인분을 먹었잖아, 그러니까 사람들이 우릴 돼지 같다고 보고 있잖아. 승윤이 돼지 아니지?"

승윤이는 잠시 고민하다가 나에게 바짝 다가와 귀엣말로 속삭였다.

"아빠, 그럼 우리 나갔다가 모르는 척하고 다시 들어와서 먹으면 되잖아."

돈까스가 있어요

커다란 침대 사 줘!

승윤이는 침대를 맘에 안 들어 한다. 서랍식 이층침대인데 아래쪽에서 승윤이가 잔다. 위쪽은 언니가 쓰는데 침대 위에 인형도 장식해 놓고 잘 정돈해 보기 좋게 꾸민 것이 부러워서 그러는 것이다. 자기 자리는 밤에만 나타났다 낮에는 사라지는 동화 속 왕자 같다고 처음에는 좋아했었다.

얼마 지나지 않아 언니가 침대를 꾸미기 시작하면서 샘을 내기 시작했고 속은 느낌이 들었나 보다.

승윤이는 처음엔 언니 자리에서 자는 모습을 그렸다. 그러다가 점점 큰 침대를 그리는 것이었다.

승윤이가 자기의 뜻을 관철시키기 위해 하는 처음의 행동은 내가 반응을 보일 때까지 반복해서 같은 그림을 그리는 것이다. 이런 행동은 아이치고는 집요하다는 생각이 든다.

"나도 큰 침대 사 줘! 그럼 나도 애기처럼 엄마하고도 잘 수 있고, 아빠하고도 잘 수 있잖아!"

승윤이는 그림을 유심히 쳐다보고 있는 나에게 퉁명스럽게 말을 걸었다.

"큰 침대를 사면 어디다 놓지? 승윤이 방에는 큰 침대가 안 들어가잖아."

나는 승윤이가 어떤 대답을 할까 궁금해졌다.

커다란 침대

승윤이는 엄청나게 큰 침대를 그려서 나에게 보여 주었다. 비례의 개념을 안 것일까. 자꾸 그림
속 침대 위에 있는 승윤이는 작아졌다. 그 이유는 간단했다. 침대 위에 책상도 올려놓고 싶고,
의자도 올리고, 그리고 승윤이에게 가장 중요한 식탁도 올리려고 하니 침대가 커지고, 머릿속을
따라 그리려니 복잡해져 우선 모든 것이 올리갈 수 있는 큰 침대와 자신의 소유라는 것을
나타내기 위하여 침대 위에 누워 있는 자신을 그린 것이다. 제한된 크기의 종이에 큰 침대를
그리려면 그림을 그리는 순서가 바뀌게 된다.

아이들이 보통 그림을 그리는 순서는 주인공인 사람을 먼저 그리고 그 비례에 맞추어 나머지
사물들을 그린다.

이 그림은 침대를 먼저 그리고 자신을 나중에 그린 것이다. 아마도 지금까지 그린 자기
모습 중에 가장 작은 크기일 것이다.

똥그란 풍선

대형 마트에서 백 개들이 풍선 한 봉지를 샀다. 놀이공원에서부터 사 달라는 풍선을 이 핑계 저 핑계를 대고 사 주지 않다가, 한번 실컷 갖고 놀라고 풍선을 봉지째 산 것이다.

나는 아이들이 풍선을 사 달라고 조르는 이유는 분위기 때문이라고 생각한다. 놀이공원에서 하늘을 보면 줄줄이 아이들이 놓친 풍선이 하늘로 올라간다. 풍선을 놓친 아이들은 하늘로 올라가는 풍선을 쳐다보며 울고, 다시 풍선을 사기 아까운 어른들은 아이들만 나무라고. 풍선을 팔목에 묶고 다니는 아이를 보면 다시 풍선을 사 달라고 조르고.

몇 번 이런 경험을 한 나는 아예 풍선장수 근처에도 가지 않는다. 아이들도 조르다가 이젠 지쳐서 사 달라는 말도 꺼내지 않는다. 하지만 풍선을 들고 다니는 아이를 무신경하게 바라보는 정도는 아니다.

풍선을 사 갖고 돌아온 아이들은 집안에서 머리가 어지러울 정도로 풍선을 불어 댔다.

승윤이의 풍선
아이는 풍선을 그렸다. 하지만 동그란 풍선은 마음에 들지 않는 모양이다.
아빠 풍선, 엄마 풍선, 할아버지 풍선, 동생 풍선, 아이는 중얼거리며 풍선을 그렸다.

"빨간 풍선, 파란 풍선, 찢어진 풍선……. 아니 이건 우산 노래지."

나의 노래에 승윤이는 깔깔거리며 웃는다. 풍선을 한참을 불다가 아이들은 지쳐 쓰러졌다. 두어 시간이 흘렀을까, 승윤이는 눈을 부비며 일어났다.

잠에서 깨어나자마자 승윤이는 나를 보며 뚱딴지 같은 질문을 해 댔다.

"왜 풍선은 다 똥그래???"

"그게 말이야, 공기가 많이 있으면 적게 있는 곳으로 자꾸 가려고 하거든……, 그래서……."

승윤이는 눈만 말똥말똥거렸다.

"왜 똥그랗치??"

나는 설명을 포기하고 승윤이에게 되물었다.

"아빠는 그것도 몰라! 풍선이 햇님 만나러 갈라고 똥그래지는 거야. 그래서 풍선이 하늘로 올라가잖아."

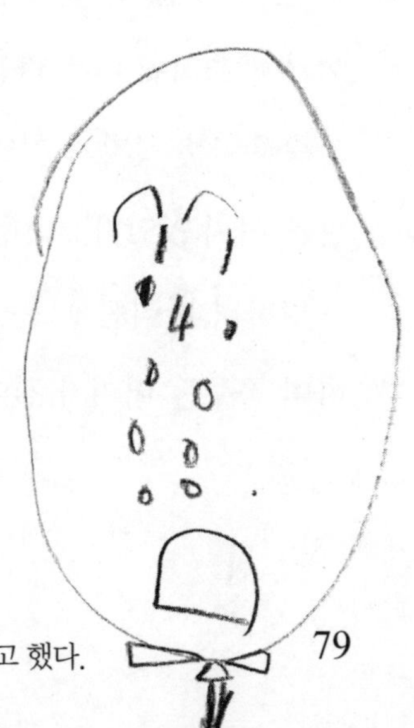

풍선의 눈물
아이는 너무 높이 올라간 풍선은 무서워서 눈물을 흘린다고 했다.

꼬부라진 내 머리

어느 날 승윤이 그림의 주인공 머리 스타일이 바뀌었다. 앞머리가 살짝 꼬부라져 올라간 자신을 그린 것이다.

승윤이는 머리에 가마가 여러 개다. 특히 앞머리 부분에 가마가 있다. 거기다 머리숱도 많고 눈썹도 유난히 까맣다. 여기에 곱슬이니 머리 빗기가 쉽지 않다. 엄살도 심해 머리를 좀 급하게 빗으면 머리가 빠져서 아프다고 고개를 흔들어 대니 여긴 신경이 쓰이는 게 아니다.

내 머리가 곱슬이다. 나는 그다지 심하지 않지만, 승윤이는 조금 심하다. 정확히 말하면 엉뚱한 곳에 가마가 있어 머리카락을 정리하기가 상당히 난해하다. 게다가 천방지축으로 뛰어다니는 놈이니 머리가 헝클어지기 일쑤다.

아빠가 긴머리를 좋아한다고 머리를 자르려 하지도 않는다. 나는 그런 말을 한 적이 없다. 어느 날 아이의 머리를 빗어 주던 엄마와 실랑이를 하는 아이가 안쓰러워 나는 다음날 미장원에 가 머리를 좀 짧게 자르라고 하였다.

승윤이는 갑자기 칭얼거리는 행동을 멈추고, “아빠!”라고 하고는 더 이상 말을 하지 않았다. 아이지만 분명 기가 막히다는 표정이었다.

멍하니 바라만 보는 내게 승윤이는 “아빠는 머리 짧은 공주 봤어?”라고 하며 공주는 머리가 길어야 한다고 내게 설명을 하였다.

꼬부라진 내 머리

승윤이는 가마가 여러 개 있다. 그 중 두
개가 앞머리 부분에 있어 이 가마를
중심으로 앞머리가 꼬부라진다. 아이는
거울을 한참 들여다보다가 다른 사람과
자기 머리가 다르다는 것을 발견하였다.
뒷머리보다 앞머리가 유난히 꼬부라지는
모양을 보면서 재미있다고 까르르 웃었다.
그후 아이는 자기 모습을 그리면서
앞머리를 살짝 꼬부린다.

회사 사람들한테도 바쁘다고 해!

"아빠 오늘도 늦게 와?" 승윤이는 전화통에 매달려 코맹맹이 소리를 낸다.

"아빠가 바쁜 일이 생겨서 일찍 못 들어가, 그러니까 승윤이도 아빠 기다리지 말고 저녁 먹고 공부 재미있게 하고 일기 쓰고 자야지!"

"나, 아이스크림?"

"안 돼, 자기 전에 그런 거 먹으면 이빨이 썩지."

승윤이가 말을 배우고 내게 전화를 걸기 시작하면서 주로 하는 대화다. 일찍 들어와라, 승윤이랑 놀아 줘라. 웬만하면 이제 대화의 내용이 바뀔 때도 됐건만, 승윤이는 늘 같은 질문을 한다.

아이는 아빠를 보고 싶다고 말했다. 사랑하니까 보고 싶다고 했다. 그리고 너무도 쑥스러워하며 전화를 끊었다.

아마 모두들 이럴 때, 뒤통수가 얼얼하다고 말하나 보다. 말을 잘한다고 소문이 난 나도 이럴 땐 할 말이 없다.

그날 저녁 나는 집에 들어가자마자 아이에게 완벽한 결정타를 맞았다.

"아빠는 왜 맨날 승윤이한테만 바쁘다고 해, 회사 사람들한테도 바쁘다고 해! 그리고 승윤이랑 놀면 되잖아!"

얼굴 빨개진 승윤이

어느 날 아이는 정말로 아빠를 사랑한다고 말하였다. 아빠 생각에도 그 말은 정말이었다.

왜냐하면 아이는 아빠를 사랑한다고 말하면서 얼굴이 빨개졌기 때문이다.

아이는 그림에서도 아빠를 사랑한다고 글을 쓰고 자기 얼굴에 빨간색을 덧칠하였다.

사랑은 팔로 안는 거야!

아이는 무서움이나 두려움이 없다. 보통 5세 이하의 어린아이는 '공포'를 알지 못한다고 아동심리학에서는 말한다.

승윤이는 개를 무척이나 좋아한다. 욕심꾸러기라 큰 개를 더 좋아한다. 아이가 작은 개에게라도 다가가면 아이 엄마는 질색을 한다. 한번은 아이가 큰 개에게 다가갔을 때 아이의 엄마는 너무 무서워 울어버렸다고 했다. 그런 일을 있고 난 후 아이는 엄마에게 크게 혼이 났다.

엄마는 아이에게 심각한 얼굴로 주의를 주었다.

절대로 개에게 다가가지 말 것, 더구나 큰 개는 아주 무서우니 근처에도 가지 말라고 아이의 다짐을 받았다. 아이는 아무런 영문을 모르는 채 고개를 끄덕였다. 나도 이번 일 만큼은 위험하다고 생각하여 엄마에게 야단을 맞으면서 응원을 청하는 아이의 눈에 아빠도 마찬가지라는 눈빛을 주었다.

그래도 아이는 개를 좋아한다. 아이는 개를 팔로 안고 싶어했다. 아이가 개를 향하여 팔을 벌리고 가면, 개도 앞발을 번쩍 치켜든다. 겁이 없는 아이는 큰 개에게 양팔을 벌리고 다가간다. 앞발을 치켜든 큰 개는 아이보다 더 크다. 가만히 놔두면 개가 아이를 덮칠 것 같다.

아무리 개에게 다가가는 아이를 중간에 잡아채도 아이는 어른들이 방심한 사이 다시 개에게 팔을 벌리고 다가간다.

개가 좋아!

아이는 개를 한번 꼭 안아보고 싶어한다. 하지만 엄마의 불호령을 듣고 난 후에는 조금은
주춤거린다. 엄마는 절대로 개를 안지 말라고 했다. 아이는 꼬리를 흔드는 개에게 다가가지만,
팔을 벌리지 않는다. 그래서 아이는 팔을 그리지 않는다. 팔을 그리지 않는 이유는 단순하다.
팔이 없으면 개에게 다가가도 엄마에게 혼나지 않을 것이라는 생각에서다.

승윤이 어릴 적에?

승윤이는 엄마를 독차지하고 있는 동생이 불만이다. 막내라는 특권을 아주 오랫동안 누리고 있는 동생을 바라보는 승윤이가 샘을 내는 것은 당연하다.

"나 애기 때도 동생처럼 해 줬어?" 승윤이가 엄마에게 물었다.

"그럼, 승윤이 애기 때도 똑같이 해 줬지."

당연히 그랬다는 듯 엄마는 말을 받았지만, 그 대화를 듣고 있던 나는 엄마가 어처구니 없는 거짓말을 하는구나라고 생각했다.

승윤이 세 살 때 동생이 태어났는데 똑같이 해 줄 만한 여유가 어디 있었나. 주변에서는 사내아이가 태어났다고 집안에 경사가 났다고 난리를 치던 게 기억이 난다.

부모가 아무리 신교육을 받았으면 뭐하나. 이제 곧잘 걸어 물건을 깨고 다니기 시작하는 승윤이에게 아가가 놀란다고 야단을 치고, 승윤이가 갓난아이였을 때는 첫째 아이가 걷는다고 모두 첫째 아이한테 관심을 줘 놓고.

어쨌든 둘째들만이 갖는 동병상련인가. 나는 승윤이가 받은 부당한 대우를 아주 많이 기억하고 있다. 그 의도로 이제 일곱 살밖에 안 된 승윤이에게 나는 장난스러운 주문을 했다.

"승윤이가 동생만큼 어릴 때는 뭘 했나?" 하고.

승윤이는 한참이나 골똘히 생각하였다.

승윤이 어릴 적에

아이는 어릴 때를 상상하면서
그림을 그렸다. 이 그림의 특징은
다른 그림보다도 유난히 간결한
선을 사용한 것이다. 승윤이가
생각하는 어린아이를 표현하는
선이다.
아이는 가능한 한 많은 부분을
생략하며 그림을 그렸다. 아마도
그림을 어릴 때부터 계속해서
그려왔기 때문에 아이는 덜 그리는
것이 어린 모습을 그린 그림이라는
생각에서 나온 표현이다.
특히 '냉장고로 달려가는 승윤이'
그림은 상당히 간결한 선으로
표현하였다. 웬만한 전문가도
이 정도의 간결한 선으로 내용을
표현하기 쉽지 않다.

그러다가 승윤이는 자기와 동생이 같이 있는 그림을 그리고 그 위에 '승윤이가 어릴 적에'라는 글자를 썼다. 아마도 자신의 어릴 적 모습을 그리는 것은 어렵다고 생각해 자신 옆에 동생을 그려 놓은 듯하다. 그리고 거침없이 그림을 여러 장 그리기 시작했다.

생각을 해서 그린다기보다 동생이 받은 사랑보다 자기가 많이 받았다는 주장을 하고 싶은 것 같다. 하지만 엄마가 자기에게 무엇을 해 주었는지는 그리지 못했다. 엄마와는 아무런 기억이 나지 않는 모양이었다.

냉장고를 뒤지며 놀았다고 말을 하며(지금도 아이는 냉장고 뒤지기가 제일 좋아하는 놀이다) 그림을 그렸고, 침대 위에 올라가 놀지 못하게 하여 화가 났었고, 이름이 오빠집에 놀러가서 놀았다고 이야기하였다.

아이가 어릴 적 일에 대하여 생각을 하고 이야기를 한다는 것이 조금은 우습기도 하다. 하지만 아이는 점점 더 골똘히 생각에 빠져 들어갔다. 그러면서 아이는 혼자 중얼거렸다.

"그때는 엄마가 분명히 나를 안고 있었을 거야."

승윤이가 화나요

승윤이는 언니와 함께 서랍식 2층
침대를 쓴다. 언니는 위층을 쓰고
승윤이는 잠을 잘 때만 빼내는
아래층 침대다. 언니는 자고 일어나
침대 정리를 대충해도 되지만,
승윤이는 서랍 침대를 집어넣어야
하기 때문에 신경을 더 써야 한다.
가뜩이나 정리하기 싫어하는
아이에게 매일 침대 정리를
언니보다 더 많이 해야 한다는 게
화가 나는 것은 당연하다.

이름이 오빠와 함께

아이들이 오랜만에 만나면
공통적으로 하는 행동이 있다.
겅중겅중 뛴다.
아파트에 사는 이름이네는
아이들이 뛸 때마다 아래층의
반응을 염려하지만, 아이들은
아랑곳하지 않는다.
승윤이는 이 때를 제일 좋아한다.
왜냐하면 좀 어려운 놀이를 할 때면
이름이 오빠와 언니는 자기와
동생을 따돌리기 때문이다.

시장에서 컴퓨터 치는 언니

"아빠 나 컴퓨터 사 줘!"

나는 대부분 컴퓨터로 일을 한다. 내가 컴퓨터로 작업을 하고 있으면 아이는 내 옆에 조용히 와서 앉는다. 아이의 손가락은 키보드 주변에서 서성거린다. 그리고 내가 손가락을 놀리는 모습을 흉내내기 시작한다. 그 다음 아주 조심스럽게 아이의 손가락은 키보드 위로 올라온다.

"하지 마!" 나는 나지막하고도 굵은 목소리로 아이를 타이른다.

아이의 손가락은 키보드 위에서는 내려갔지만, 주변을 맴돌고 있다. 다시 키보드 위로 올라갈 때를 기다린다.

"하지 말래도!" 나는 상당히 높은 어조로 아이의 눈을 쳐다보며 말한다.

화들짝 놀란 아이의 손가락은 책상 밑으로 숨어 버린다. 하지만 곧바로 아이는 얼굴을 내 가슴에 묻는다.

"아빠, 나도 컴퓨터 사 주세요." 아이는 얼굴을 내 가슴에 부딪치면서 아양을 떤다.

"승윤이가 글을 다 배우면 아빠가 생각해 볼게."

나는 글을 제대로 알지 못한 상태에서 아이들이 컴퓨터를 접하게 하고 싶지 않다. 컴퓨터는 이제 없어서는 안 될 도구다. 앞으로 아이에게는 컴퓨터가 내게 필요한 정도보다 훨씬 더 유용할 것이다.

시장에 가면

승윤이는 시장 풍경을 상당히 많이 그렸다. 대부분이 과자가 쌓여 있고, 음식을 파는 풍경이었다. 이 그림은 계산대에 있는 점원의 모습을 그렸다. 특히 점원이 머리에 두른 마이크가 신기했었나 보다.

아름다운 장미에 가시가 있듯 컴퓨터에는 커다란 '독소' 가 있다. 검증되지 않은 엄청난 정보가 오가는 곳이 컴퓨터 속이다. '검증되지 않은 정보' 는 '주입식 교육' 보다 훨씬 더 아이에게 치명적이라고 생각한다. 아이가 어느 시점에서는 컴퓨터를 다루어야 하겠지만, 나는 가능한 한 그 시기를 최대한 늦출 것이다. 조금씩 아주 천천히 친해지게 하고 싶다. 마치 오래 사귈 수 있는 좋은 친구를 만들 듯이.

낮에 시장에 다녀왔다고 했다. 아이가 시장에 따라가는 이유는 뻔하다. 먹을 것이 산더미같이 쌓여 있고, 주전부리를 할 수 있기 때문이다. 그러나 이번에는 아이의 표정이 좀 달랐다. 아이가 컴퓨터에 관심이 생기자, 시장에서 먹을 것이 아니라 컴퓨터가 보이기 시작했다. 아이는 계산대 앞에 서 있는 언니들도 컴퓨터를 사용한다는 것을 알았다.

아이는 지금까지와 다른 시장 풍경을 그렸다. 그리고 아이는 내게 물었다.

"아빠, 근데 시장에 있는 언니는 머리띠를 입에다가 해?"

배가 볼록한 엄마 우산

우리 집에는 각자 우산이 있다. 승윤이 우산은 제일 작고 알록달록하다. 그 위에 첫째 아이의 우산은 승윤이 것보다는 크다. 언젠가 아빠 우산이 제일 크고 자기 우산이 조그맣다고 투덜대는 승윤이에게 각자의 우산에 대하여 설명해 주었다.

아빠는 집에서 제일 키가 크니까 큰 우산을 쓰는 것이고, 엄마는 아빠 다음으로 키가 크니까 두 번째로 큰 우산을 쓰는 것이라고, 그리고 아이들은 예쁘니까 예쁘고 작은 우산을 쓰는 것이라고, 아빠 우산은 크지만 너무 무거워 승윤이가 쓰면 힘이 들어 걷지도 못한다고, 다 자기에게 어울리는 우산을 써야 한다고, 대충 그렇게 이야기를 해 주었다.

"나 돈 많이 벌면 엄마한테 이런 우산을 사 줄 거야, 엄마한텐 비밀이야!" 승윤이는 배가 볼록한 우산을 그려서 내게 보여 주었다. 엄마는 막내를 임신하고 있었다. 어느 비 오는 날 엄마와 우산을 쓰고 밖에 나갔다 와서 승윤이는 엄마에게 선물할 우산을 그렸다.

배꼽이 나온 우산

승윤이는 엄마의 배를 보았다. 배꼽이 볼록 튀어나온 엄마의 배는 아이를 가져 불룩 튀어나왔다는
사실보다 더 신기했었나 보다. 승윤이는 뚱뚱한 사람은 배가 나온다는 것을 안다.
그래서 승윤이는 아이가 배가 아닌 배꼽에 있다고 생각한다. 비 오는 어느 날 엄마와 외출했다
돌아온 승윤이는 엄마 배를 닮은 우산을 그렸다. 엄마에게 그런 우산을 사 줄 거라며.

고양이는 아가인가 봐!

밤이 되면 낮에는 잘 듣지 못하던 소리를 들을 수 있다. 특히 겨울밤에는 상당히 멀리서부터 들려오는 소리도 잘 들을 수 있다. 요즈음 잠을 자려면 어김없이 고양이 우는 소리가 들린다. 한 마리가 우는가 하면 저쪽에서 또 한 마리가 운다.

나는 고양이 울음소리를 좋아하지 않는다. 뭐라고 정확하게 말할 수 없지만, 밤에 들려오는 고양이 울음소리를 들으면 기분이 상당히 나쁘다. 나는 일부러 텔레비전을 켜고 소리를 올린다. 승윤이는 태순이다. 텔레비전을 너무 봐서 붙은 별명이다. 텔레비전 소리가 나니 잠을 자러 들어간 승윤이는 어김없이 방에서 나온다.

"아빠, 아가가 밖에서 자꾸 울어." 승윤이의 눈동자는 이미 텔레비전에 쏠려 있고, 입으로만 아가가 밖에서 울어서 잠을 못 자겠다고 했다.

"아가가 아니라 고양이야. 밤이 늦었는데 잠을 자야지." 내 말은 이미 아이에게 아무 소용이 없었다. 밖에서 아가가 운다고 슬프다고 말하면 아빠가 설명을 해 주는 동안은 텔레비전을 볼 수 있는데 잠은 무슨 잠.

오랜만에 아이가 내 옆에 바짝 붙어 살을 비비니 싫지 않았다.

그래. 잠이 인생의 전부냐! 텔레비전을 봐라. 텔레비전을 보는 동안에도 아이는 고양이 울음소리가 신경이 쓰였나 보다.

젖꼭지를 문 고양이
고양이 울음소리에 자려다 말고 거실로 나온 아이는 고양이가 왜 우느냐고, 추워서 우느냐고 물었다. 아이의 집요한 질문에 아빠도 잘 모르겠다고 대강 얼버무리고 말았다. 하지만 아이는 고양이가 배가 고파서 운다고 생각했나 보다.

"우는 게 아가 아냐? 고양이야?" 아이는 슬픈 얼굴로 내게 물었다.

겨울이라 고양이가 추워서 우는 것이 아니냐고 아이는 물었다. 나는 아이에게 설명해 주었다. 승윤이는 몸에 털이 없는데 고양이는 온몸에 털이 있어 겨울에도 춥지 않다고, 승윤이도 밖에 나가려면 털로 된 옷을 입고 나가지 않냐고 말해 주었다.

"그럼 왜 밤에 고양이가 잠을 안 자고 울어?" 아이는 집요하게 물었다. 왜 고양이가 잠을 안 자고 우는지 아빠도 잘 모르겠다고 했다. 고양이가 발정기가 되어 짝을 찾느라고 운다는 말은 차마 못해 주었다. 아무리 발정기라도 그렇지 왜 한밤중에 저렇게 소름끼치게 우는지……

다음날 아이는 고양이를 그렸다. 고양이를 닮기는 했지만 나도 처음엔 뭘 그린 것인지 몰랐다.

"고양이야, 고양이가 어젯밤에 울었잖아. 배고파서 울었어. 그래서 내가 입에다 아가 젖꼭지를 물려 주었어."

줄넘기

승윤이는 유치원에 들어가 줄넘기를 배웠다. 집에서 아이가 줄넘기를 하는 모습이 여간 우습지 않았다. 아이가 하는 운동은 줄넘기가 아니라 줄밟기였다. 아이는 줄넘기를 한번도 제대로 하지 못했다. 아이는 금방 짜증을 내고 줄넘기 줄을 내던져 버렸다.

아프리카 케냐에 사는 종족들은 다리가 길고 키들이 크다. 그들의 신체 조건이 그러한 이유 중 하나가 전통적인 춤에 있다. 그 춤동작은 간단하다. 마치 제자리높이뛰기를 하는 동작의 연속이다.

그러한 동작이 전통적인 춤으로 된 이유는 기후 탓이라고 한다. 지열이 높은 지역에 사는지라 뜨거운 지열로부터 남자들의 생식기를 보호하기 위하여 그러한 동작이 필요했다는 이야기를 아이에게 해 주었다.

아이는 다른 이야기보다 다리가 길고 늘씬해진다는 말에 껑충껑충 뛰기 시작했다. 비록 아이가 아직도 줄밟기를 하고 있지만, 다리가 길어진다는 믿음을 갖고 신나게 뛰고 있다.

줄넘기를 많이 해서인지 승윤이는 다리가 유난히 길다.

줄넘기를 하면 다리가 길어져요!
아프리카 케냐에 사는 종족 중에 다리가 길고 키가 큰 종족이 있는데, 그들이 그러한 신체 조건을
가질 수 있는 이유 중 하나가 제자리높이뛰기를 하기 때문이라고 말해 주자, 아이는 하기 싫어
짜증을 내던 줄넘기를 열심히 한다. 다리가 길어진다는 믿음을 갖고.

생일 축하해!

"승윤이는 언니 생일에 어떤 선물을 줄 거지?"

얼마 전 승윤이가 친구의 생일에 초대를 받았다며 선물을 준비해야 한다고 호들갑을 떨던 기억이 난 나는 언니의 생일에 아이가 어떤 선물을 준비하고 있는지 물어 보았다.

아빠의 말을 들은 아이는 깜짝 놀란 눈치였다. 나도 별 생각이 없이 아이에게 물었는데 아이의 반응을 보곤 어른들이 그동안 형제들끼리의 주고받는 선물에 대해서는 소홀했었구나 하는 생각이 들었다.

나는 아이에게 이미 몇 번이나 생일 카드를 받았으면서도 첫째 아이 생일 때나 둘째 아이 생일 때에 서로 카드나 선물을 하는 것을 보지 못했다. 그러다 보니 아이들은 형제들끼리도 선물을 해야 한다는 생각이 없다. 아이들에게 부모에게 선물을 해야 한다고 가르치면서 형제들끼리도 선물을 해야 한다는 말을 까맣게 잊고 있었던 탓이다.

새삼 형제들끼리 선물을 해야 한다는 사실이 좀 쑥스러웠나 보다. 또 승윤이는 '왜 자기가 먼저 언니에게 선물을 해야 하는지' 조금은 불만이었다.

생일선물

억지로 축하하는 생일은 썰렁하다. 아빠의 설득에 할 수 없이 생일 축하 그림을 그리긴 했지만, 생일을 축하하는 분위기는 전혀 아니다. 나는 아주 한가한 생일 축하 그림이라고 칭찬을 해 주었다.

양치질

창피한 이야기지만, 우리 집 아이들은 씻기를 싫어한다. 특히 승윤이는 야단을 맞아야 겨우 '고양이 세수'를 한다. 승윤이에게 고양이 세수는 간단하지만, 양치질은 쉬운 일이 아니다.

치약을 짤 때도 아무렇게나 짠다고 야단 맞고, 치약을 너무 많이 짠다고 야단 맞고, 양치질을 골고루 않는다고 야단 맞고, 양칫물을 아무렇게나 뱉는다고 야단 맞고. 양치질 하나 하는 데 야단맞을 일이 너무 많다.

하지만 승윤이가 양치질을 하고 싶어하는 유일한 이유가 있다. 세면대 앞에 붙어 있는 거울이다. 아이는 거울 보기를 무척 좋아한다. 내가 승윤이를 공주라고 생각하는 이유도 여기에 있다.

오늘도 여전히 양치질로 야단을 맞은 아이는 아빠가 양치질을 하는 모습을 물끄러미 바라보더니 이렇게 말했다.

"아빠, 아빠는 키가 커서 좋겠다!" 아빠는 키가 크니까 거울도 볼 수 있고, 치약도 아무데나 흘리지 않아 좋을 것이라고.

그러다 내가 변기에 양칫물을 버리는 것을 보고 승윤이는 너무 좋아했다. 아이는 내게 한 가지 제안을 했다.

"아빠 화장실 변기에 수도꼭지랑 거울을 달아 줘."

승윤이의 세면대

키가 작은 아이에게 맞는 세면대가 필요하다는 생각이다. 변기와 세면대 모두 물이 나오고, 물을 받을 수 있고, 색깔마저 둘 다 흰색이라면 아이는 자기 키에 맞는 변기를 세면대로 삼을 것이다.

그림 속에서 나오는 아이들 세상

아이의 그림 그리는 습관은 자연스럽게 변해 간다. "이게 뭐야?" "저게 뭐야?" 하는 단발적인 질문에서 한 걸음 더 나간 아이의 질문은 한마디로 대답해 주기가 점점 더 힘들어진다. 아이 나름대로 논리가 생기고 그 논리에 뼈대가 있다. 그림에 대한 조형의 근거가 생기며, 특정한 형태나 색상이 특정한 의미로 사용된다. 이러한 특징들은 아이 자신만의 표현 방법으로 정착되며 '미술'의 형태가 된다. 쉽게 말하면 그림에 개성이 형성된다.

미술 교육학자 세이퍼 시먼Henry Schaefer-Simmern은 그의 저서『미술 활동의 전개 The Unfolding of Artistic Activity』에서 이렇게 말한다. 실제 대상을 미술적으로 다루는 능력은 소수 천재적인 전문가의 특권이 아니라 자연을 즐겨 보는 순수한 모든 사람의 능력에 속하는 것이라고 주장한다.

아이의 그림은 자기만의 특성을 지니고 발전한다.

우리나라 대부분의 아이들은 이 시기를 학교에 입학하면서 맞는다. 아이들 각자가 독립된 가정이라는 공간에서 개성을 키우다가 학교에 입학하면 이런 개성들이 한꺼번에 충돌한다. 아이의 조형관은 처음으로 혼돈을 겪을 수도 있다. 혹은 아무런 충돌 없이 성장할 수도 있다.

지금 우리나라의 초등교육이 얼마나 학생들의 개성을 중시하는지는 잘 모르겠다. 하지만 미술 교육은 개성이 중시되어야 한다. 개성을 중시하는 미술 교육은 잘 그린 그림과 못 그린 그림으로 나누지 않는다. 즉 수학적으로 '1+1=2'이지만 미술적으로는 '1+1=어떠한 수'도 가능하다. 한 아이가 1+1=2라고 해서 다른 아이들이 1+1=2라고 따라하는 것이나 지도자들이 아이들을 그렇게 유도하는 것은 미술 교육에서는 아이가 개성을 형성하는 데 치명적이다. 또 1대 다수의 교육방법에서 가르치는 모순인 '이렇게 하세요', '저렇게 하세요'는 아이의 개성을 성장시키는

데 아무런 도움이 되지 못한다. 하지만 나는 우리나라 교육환경에서도 아이의 개성이 존중될 수 있다고 본다. 그래서 다음과 같이 몇 가지 제안을 한다.

첫째, 그림을 그리는 도구를 획일화하지 않는다

아이는 학교에 입학하기 훨씬 전부터 그림을 그렸다. 그래서 그 아이에 맞는 드로잉 도구가 있다. 보통 학교에 입학하면 자신에게 맞는 그림 도구를 버리고 새 미술 도구를 사용한다. 모두가 같은 도구를 사용하게 되는 것이 현실이다. 학교에 다니는 아이들의 '알림장'을 볼 때마다 나는 울화가 치민다. 모두 똑같이 준비해 가서 도대체 개성은 어떻게 살리려고 그러나 싶다.

둘째, 그림 그리는 시간을 물리적으로 정하지 않는다

그림을 그리는 데 사용되는 뇌는 후뇌이다. 이 후뇌는 절대로 이성적으로 움직이지 않는다. 이성적인 사고는 전뇌가 한다. 지도자는 그림을 그리는 시작 시간만을 정해 준다. 그림을 그리고 그리지 않고는 아이가 결정할 문제다. 그리고 그림을 마치는 시간도 아이가 결정한다. 왜냐하면 그림을 그리는 것은 아이기 때문이다.

초등학교 선생님들이 전과목을 담당하는 이유도 여기에 있다. 과목과 과목 간의 조정을 아이들의 진도에 맞추어 해야 하기 때문이다. 절대로 선생님이 정해 놓은 혹은 학사일정에 맞추어 수업을 진행할 필요가 없다. 가장 중요한 것은 아이의 진도이기 때문이다. 아이마다 진도의 차이가 있고, 그 진도의 융통성을 선생님이 조정해 나가야지 아이들의 진도를 획일적으로 맞추어서는 안 된다.

셋째, 아이에게 그림의 장점을 이야기한다

이 그림은 여기에 잘 어울리겠다, 혹은 이 그림은 이런 표현이 훌륭하다라고 말해 준다. 물론

승윤이와 언니

승윤이는 언니를 만만하게 생각한다. 나이 차이가 조금만 더 있어도 승윤이는 언니에게 이렇게 함부로 하지는 않을 것이다. 두 아이는 매일 싸움을 한다. 엄마가 아무리 화해를 시켜도 도무지 말을 듣지 않는다.

이 말은 조금은 추상적인 평가이다. 아이들의 그림은 구체적으로 칭찬해 주어야 한다. 그렇기 때문에 전문가가 필요하다고 생각한다. 칭찬도 칭찬다워야 한다. 예를 들어 '타의 모범이 된다'든가 '우수한 성적' 등 기존의 상장에 표현된 말은 사용하지 말아야 한다.

"너는 빨간색을 아주 많이 썼구나, 아주 잘했다"라는 칭찬을 해 보자. 빨간색을 많이 쓰거나 적게 쓴 사실은 중요하지 않다. 중요한 것은 아이 스스로 그림을 열심히 그렸다는 것이다. 파란색을 많이 써도 노란색을 많이 써도 다 칭찬을 해 줘야 한다.

물론 아무 색도 쓰지 않은 아이에게도 생각을 많이 했다고 칭찬을 해 줄 수 있다.

내가 좋아하는 현대화가가 둘이 있다. 장 미셸 바스키야Jean-Michel Basquiat와 키스 헤링 Keith Haring이다. 두 화가의 공통점은 몹쓸 병으로 요절했다는 사실과 젊은 나이에 세상을 떠났어도 아주 많은 양의 작품을 남겼다는 사실이다. 그리고 아주 가난한 빈민가 출신이고, 당대 최고의 큐레이터를 만나 말년에 아주 방탕한 생활을 했다는 사실도 서로 비슷하다. 그 외에도 상당히 많은 부분의 공통점이 있으나 한 가지 극단적인 차이가 있다. 바스키야는 흑인 화가란 사실이다.

일반적으로 사람들은 흑인이 화가라는 상상을 하지 못한다. 흑인은 운동선수, 벨 보이 정도. 아주 잘 봐 주어야 교회의 목사 등으로 관념화되어 있다.

일반인들의 관념 때문에 바스키야는 얼마나 많은 혼돈과 좌절을 겪었는지 모른다.

나는 우리나라에서 크는 아이들이 이 바스키야의 전철을 밟고 있다는 생각이다. 기존의 관념과 모순 아래 바스키야처럼 아이들이 그냥 내동댕이쳐진 느낌이다.

한이 서려 너무 본론에서 벗어난 기분이다. 다시 승윤이 그림으로 돌아간다. 승윤이의 그림은 학교에 다니면서 혼돈 속으로 들어갔다. 아이에게 지금까지와 조금은 다른 배려가 필요한 시기였다. 배려라고 해 봐야 별것이 아니다. '정확한' 칭찬이다. 이 시기에 가장 필요한 것이 정확

키스 헤링의 대표적인 캐릭터 이미지 http://www.haring.com

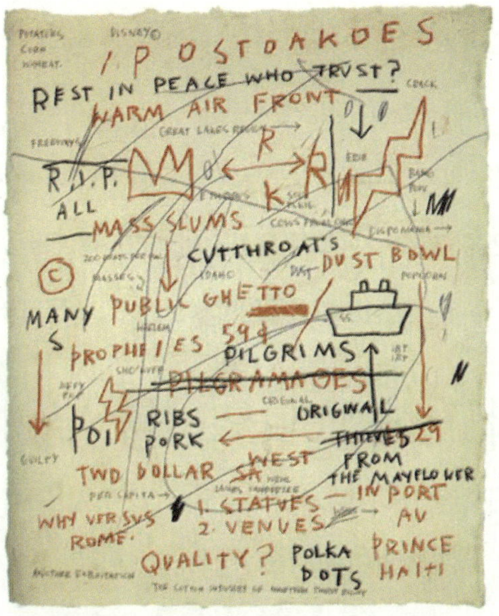

바스키야의 작품들 http://jmbasquiat.new21.org/4frame.htm

교과서에 실린 고전적인 그림만 머릿속에 있는 어른들은 이런 그림은 생소할 것이란 생각이다.
아마도 "이거 낙서 아냐!"라고 단적으로 잘라 말할 수도 있다. 하지만 인터넷으로 검색해 보면
이들을 소개하는 사이트가 얼마나 많은가에 놀랄 것이다.

한 칭찬이다. 이 칭찬으로 인하여 승윤이의 그림들도 제자리를 찾아 성장하기 시작한다.

이 시기의 가장 큰 특징은 시점의 변화가 시작된다는 것이다.

시점이란 쉽게 말하면 눈높이다. 아이들 그림은 대부분 일정한 눈높이가 적용된다. 그 아이가 갖고 있는 눈높이에서 그림을 그릴 대상을 관찰하고 그 높이에서 바라본 세상을 그린다. 아이가 성장을 하면서 이 눈높이가 변하는데, 이것은 성장하는 키에 비례하지 않는다. 아이가 갖고 있는 생각의 눈높이에 비례한다. 대부분 아이가 관심이 있어 표현하려고 하는 중심 대상에 따라 생각의 눈높이가 정해지며, 한 그림 안에서도 대상마다 다른 눈높이가 적용될 수 있다.

정확하지는 않지만, 대상을 보는 시점이 다양하면 할수록 아이는 산만하다고 말한다. 그렇지만, 산만한 만큼 다양한 시각으로 대상을 바라보는 특징이 있다. 중요한 것은 그림에 표현된 그림의 밀도, 즉 아이의 집중력이다. 아이가 산만하다고 문제가 되는 것만은 아니다.

그리고 색상에 의미를 부여한다.

처음 아이들의 그림에서 색상은 단지 장식적이거나, 드로잉의 의미 정도로 사용된다. 아이들은 전적으로 형태에 의지하여 생각한다.

꿈은 원래 흑백 영상이다. 사람들이 색을 구분하는 능력은 눈의 망막에만 있다. 뇌에는 색상을 감지하는 기관이 없다. 꿈은 머리로 꾸지 눈으로 꾸지 않기에 흑백이다.

아이들은 색상에 의미를 부여하기 시작하면서 꿈을 색색으로 꾼다. 색에 대한 관심이 생기고 그 관심의 정도만큼 아이의 꿈에는 색상이 들어간다. 즉 색으로 꾼다고 생각할 정도로 아이들은 꿈속에 나타나는 대상에 색상을 부여한다.

다림질하는 엄마

엄마가 다림질을 할 때 늘 머리 양쪽에 핀을 꽂는다. 고개를 숙이면 머리카락이 앞으로 쏟아지기 때문이다. 평소에는 머리에 신경을 쓰지 않는지라, 그리고 집에서 일할 때 머리카락을 붙잡아 매는 정도에 쓰는 머리핀이라, 그냥 아무 생각 없이 아이들이 쓰는 머리핀을 사용한다.

"승윤아, 머리핀 가지고 와라" 하고 엄마가 말하면, 아이는 엄마가 자기의 머리를 빗어 주는 줄 알고 좋아라 머리핀을 찾는다. 하지만 엄마는 아무 생각 없이 아이가 갖다 주는 머리핀을 자기 머리에다 꽂는다. 그리곤 아이에게 "데일라, 떨어져 있어!" 하고 말한다.

나비가 되고 싶어요

"나 나비 할래. 나비는 공주야, 너무 이쁘자너." 승윤이는 갑자기 자기 모습을 그리고 나비라고 한다. "이게 왜 나비야, 승윤이지." 내가 의아한 표정을 지으며 물었다. 승윤이는 막무가내로 나비라고 우긴다.

승윤이는 낮에 밖에 나가 놀 때 나비를 본 모양이다. 날아다니는 나비가 신기해 승윤이는 무릎까지 깨져 가며 나비를 쫓아다녔다고 한다. 그 나비는 어디에 가만히 앉아 있을 수가 없었던지 계속 날아만 다녔고, 그 나비를 보려고 승윤이는 열심히 따라다녔지만 이내 지쳐서 집으로 돌아왔다.

"나비를 그리면서 날개는 왜 안 그려?"라고 묻는 내게, "그러면 천사가 되자너. 천사는 징그러!" 승윤이는 얼굴을 찡그리며 대답했다.

얼마 전에 나는 아이에게 서양의 천사와 우리나라 선녀의 차이점을 설명해 주었다. 서양 사람들은 이성적인 사고로 천사를 만들었고, 사람이 날려면 날개가 있어야 된다는 생각에 천사에게 날개를 달았다. 우리는 감성적인 사고로 선녀를 만들었고, 날개 옷을 만들어 선녀에게 입혀 날 수 있게 하였다. 우리나라 사람들이 얼마나 훌륭하냐고.

그런 생각을 하면서 그림을 다시 보니 그림 속의 승윤이는 날개옷을 입고 있었다.

나비

오른쪽 면에 나비를 열심히 그렸다. 아이는 금세 마음을 바꾸었다. 왼쪽에다 자기가 그리고 싶은 나비를 그리기 시작했다. 그림을 그리면서 아이는 너무 좋아했다. 옷을 연두색으로 하늘하늘하게 그려 넣으면서 아이는 춤까지 추었다.

아이는 눈으로 본 대상과 똑같이 그림을 그리지 않는다. 그런 이유는 아이가 관찰력이 부족하다거나, 표현력이 미숙해서가 아니다. 아이는 생각한 대로 그림을 그리기 때문이다. 아이는 인형이 말을 할 수 있다고 생각한다. 돌멩이도 말을 한다고 상상한다. 그리고 자기가 생각하는 모든 것이 사실이라고 믿는다.

동대문 시장

동대문 근처에 새로 생긴 대형 쇼핑몰들은 우리 식구에게 아주 잘 맞는 시장이다. 밤 늦게 들어가는 내가 아이들과 같이 쇼핑을 할 수 있기 때문이다. 대부분 일요일에 늦잠을 잘 요량으로 토요일 저녁에 우리 식구는 동대문으로 간다. 쇼핑몰 중 하나, 9층인가에 한 층 전체가 어린이 장난감 가게로 가득 차 있다. 특별히 물건을 살 필요를 느끼지 않을 때에도 우리 식구는 장난감 가게로 쇼핑을 간다.

나는 아이들이 플라스틱으로 만든 장난감을 갖고 노는 것을 좋아하지 않는다. 내가 배운 바에 의하면 플라스틱이 갖고 있는 인공적인 질감은 어린 아이의 정서에 좋지 않다는 것이다. 자연보호를 위해서 독일의 유명한 쌍둥이표 칼도 칼자루를 나무에서 다른 합성소재로 바꾸었지만, 아이들의 장난감은 아직도 대부분 나무로 만든다.

내가 출장을 갔다 유일하게 아이들에게 사다 준 선물이 나무로 된 블록이다. 내 기억에 아이들에게 지금까지 사 준 장난감은 손에 꼽을 정도다. 그러나 우리 집에는 놀이방 수준으로 장난감이 많다. 모두 주변 친척집에서 얻었거나, 첫아이가 받은 선물들, 그리고 막내가 받아 낸 그 무지막지한 양의 장난감들이 집안 전체에 널려 있다.

집 전체가 아이들을 위한 공간으로 꾸며져, 어느 날 갑자기 집안에서 나

동대문 쇼핑몰

밤에 본 동대문 시장의 쇼핑몰은 아이에게 그야말로 알록달록한 색깔들이 한데 어우러져 있는 커다란 성으로 보였다.

발상이 자유롭다는 말은 그림을 그리면서 그 대상이 갖고 있는 형태나 색상 등 눈에 보이는 현상에 구속되지 않는다는 의미이다. 형태가 갖고 있는 그 어떤 속성 하나가 그리고자 하는 대상의 전체일 수도 있다. 아이가 밤에 거리에 나가 본 풍경이 형태보다도 건물의 불빛이라면 아이에게는 그림을 그리면서 건물의 형태나 그 불빛의 형태는 무의미한 것이다. 형형색색 네온에 둘러싸여 있는 건물을 표현하는 그림에서 형태의 요소에 집착한다면 그 표현은 거의 불가능할 것이다. 그러므로 아이가 그림을 그리면서 형태가 중요하다는 일반적인 생각에 매여 있는 것보다 표현하려고 하는 대상의 특징을 자유롭게 생각하는 것이 중요하다.

를 찾을 수 없었다. 책을 읽을 공간도 없고, 그저 아이들 집에 내가 얹혀사는 기분이었다. 아내는 안방에 화장대를 놓는 순간 안방의 주인이 되어 나는 그저 침대를 빌려 쓰는 사람이 되었고, 거실은 아이들의 장난감으로 채워져 집에 들어서면 옷은 어디다 벗어 놓아야 하는지, 가방은 어디다 놓아야 하는지도 모르게 되었다.

아이들이 갖고 있는 장난감에 대한 관심은 장난감 가격과는 아무 상관이 없다. 아이들은 금방 싫증을 낸다. 아이들이 사자는 물건을 다 산다면 아마 육삼빌딩도 모자랄 것이다.

막내 아이가 바깥출입이 잦아지면서 지나가는 자동차를 보고 "아빠차다!"라고 말하기 시작했다. 역시 사내아이는 사내아이다. 위로 두 누나는 자동차에 대하여 그리 관심이 없었다. 이놈이 아빠차라는 말을 하기 시작하면서, 주변에서 장난감 자동차 서너 대가 순식간에 선물로 들어왔다. 난 이럴 때마다 승윤이가 가엾다. 아내는 아이가 선물받은 자동차들이 내 차와는 모델이 다르다는 핑계로 아빠가 아이에게 내 차와 모양이 같은 장난감 자동차를 사 주어야 한다고 주장했다.

"승윤이는 예쁜 공주 자동차가 있으면 좋겠다." 나는 조금 심사가 틀려 아내의 말을 건성으로 들으며 승윤이와 눈을 맞추었다.

"아빠, 우리 장난감 가게 가자." 승윤이는 좋아서 소리를 질렀다. 잠을 자려던 집안 분위기가 완전히 깨지고 쇼핑을 가기로 하였다.

밤은 그 지저분한 서울도 아름답게 만든다. 웬만한 추한 모습들은 어둠에 가려지고 화려한 불빛은 아름다움만을 만들어 보여 준다.

동생과 자동차

막내는 위의 두 누나들과는 달리 자동차 장난감에 집착했다. 그런 동생이 신기했다.
더군다나 승윤이는 언니에게 물려 받은 물건이 대부분인데, 동생은 사내 아이라는
이유만으로 모든 장난감을 새로 사 주었다. 승윤이가 불만이 없을 수 없다. 동생을
좋게 표현하지 않는다.

밤새도록 하는 쇼핑몰이라 한밤중에도 사람들이 북적댔다. 장난감 가게만은 손님이 없어 한가했다. 아이들은 마치 요술나라 장난감나라에 온 기분이리라. 아이들이 가게로 마구 뛰어들어갔다. 첫째 아이는 세리인형이 산더미처럼 쌓여 있는 진열장 앞에서 눈을 반짝이고 있었고, 욕심많은 승윤이는 어느 것을 골라야 할지 몰라 우왕좌왕하며 뛰어다니고, 막내는 로봇 장난감 앞에 못박혀 꿈쩍도 하지 않았다. 아이들을 잃어버릴 염려는 없었다.

아내는 부지런히 장난감 자동차들이 진열되어 있는 쪽으로 향했다. 일단 바겐(카트)에 넣으면 계산은 내가 하는 것이니 혹시나 내가 막내 아이에게 장난감 자동차를 안 사 줄 수 있다는 생각에 부지런히 간다.

나도 장난감을 무척이나 좋아한다. 특히 조립완구를 좋아한다. 작업실에 아이들 몰래 조립완구를 만들어 놓은 것도 있다. 하지만 나는 프라모델은 좋아하지 않는다. 플라스틱 모델을 줄여 일본 완구업자들이 마케팅을 해 세계적으로 마니아 층을 이루고, 마니아들은 애 어른 할 것 없이 이 장난감에 빠져 산다. 나도 직장을 때려치고 빈둥대며 놀 때 몇 번 만들어 보았지만, 플라스틱이라는 느낌 때문에 영 맘이 가지 않았다.

진열장을 돌던 나는 눈에 띄는 장난감을 발견하였다. 나무로 조립하는 완구였다. 나무를 잘 다듬어 조립을 하면 공룡도 되고 나비도 되고 돌고래도 만들 수 있는 한 개에 몇천 원 하는 세트 완구였다. 조립하는 것이 만만치 않아 보였다. 하지만 나는 아이들의 장난감을 산다는 핑계로 그 조립완구 몇 개를 샀다. 커다란 바겐에 장난감을 던져놓고 아이들이 있는 진열장 쪽으로 향했다. 아이들은 아직도 자기 자리를 고수하고 있다. 다만 승윤이는 아직도 어찌할 바를 몰라 동생 옆에 서 있다가 언니 옆에 있다가 엄마를 따라다니고 있었다. 바겐을 밀고 오는 나를 발견한 승윤이는 환한 미소를 지으면 달려왔다.

"승윤이는 공주 자동차 골랐나?"라는 나의 물음에 승윤이는, "공주 자동차 싫어! 나 멋있는 장난감 살래." 승윤이는 막연한 대답을 했다. 이 말은 전부 사 달라는 말이다. 통도 큰 놈이다. 이 장난감 가게 전체를 사 달라고 하니 말이다.

첫째 아이는 세리인형 앞에서 나를 부른다.

"플라스틱은 안 돼!" 첫째는 슬픈 표정을 짓는다. 엄마는 집에 세리인형이 있는데 또 산다고 면박을 한다. "애기는 자동차가 있는데 또 사 주잖아"라고 첫째가 우기기 시작했다. 나는 세리인형이 입을 만한 인형 옷 몇 벌을 고르라고 하였다. 그리고 아내에 대한 반항심에 승윤이에게 세리인형을 사 주었다. 어차피 둘이 한방을 쓰는데 무슨 상관이랴 싶어서였다. 아주 잘했다. 아내는 나를 째려보며 바겐 속에 막내에게 줄 장난감 자동차를 슬그머니 집어넣었다.

집으로 돌아온 우리 식구는 잠잘 시간이 지났다는 생각은 까맣게 잊었다. 막내는 "아빠차!"라고 소리를 지르며 자동차를 바닥에 붕붕 밀고 다니고, 승윤이와 슬기는 세리인형에 공주 옷을 입히겠다고 온통 인형 옷을 널어 놓았다. 나는 회심의 미소를 지으며 조립식 나무완구를 꺼내 설명서를 읽기 시작했다. 아마도 십 분도 안 되어 내가 이 집에서 제일 인기가 있을 것이라는 생각에.

손재주가 별로인 아내는 설명서만 읽고 있는 재미없는 남편보다 빨래가 좋다고 세탁기를 돌리러 주방 뒤로 가버렸다. 흐흐흐. 얼마 지나지 않아 내 예상은 맞아 떨어졌다. 새로 사온 장난감에 흥미를 잃기 시작한 아이들이 슬금슬금 내 주변으로 모여들기 시작했다. 세탁기를 돌리고 아내도 내 옆에 앉아 신기한 듯 쳐다보고 있었다.

아이들은 조그만 나무 하나하나가 서로 끼워지며 형태가 나타날 때마다 탄성을 지르고 서로 만져 보려고 아우성이었다.

드디어 잠자리 모형이 완성되었다. 아이들은 조심스럽게 완성된 잠자리 인형을 만지기 시작했다. 우리의 위대한 무법자 막내가 손으로 와락 쥐고 흔들 때까지.

만들기

가끔 '미술을 그린다' 라는 말을 듣는다. 미술이란 뜻 속에는 건축이나 조각이 포함되어 있기 때문에 '그린다' 라고 하지 않는다. 아이들에게 '만들기' 는 '그리기' 와 같은 행동이다. 조각조각 나뉘어져 있는 조그만 나무 쪼가리를 서로 이어나가다 보면 하나의 형상이 만들어진다. 형상을 만들어 가는 과정 속에서 아이가 무엇을 만들 것인지 상상을 하지 않고 시작한다면, 그것은 나무 조각에 불과한 것이다.

옆에 있는 '가재' 와 '전갈' 은 이미 정답이 있는 조각 맞추기다.

위에 있는 '독수리' 는 아이가 정답과 관계없는 나무 조각들을 갖고 마음대로 상상을 해 만든 '독수리' 다. 옆의 작업은 '모방' 의 단계이고, 위의 작업은 창작의 단계에 속한다.

일기장

큰아이가 초등학교에 다니면서 일기를 쓰기 시작했다. 언니가 잠을 자기 전에 매일 무엇을 쓴다는 것이 아이에게는 신기했었나 보다.

어느 날 아이는 내게 일기장을 사 달라고 졸랐다. 승윤이도 학교에 들어가면 당연히 일기를 쓸 것이니 지금부터 일기를 쓸 필요가 없다고 아무리 말을 해 주어도 상관하지 않았다. 더구나 글도 제대로 읽고 쓰지 못하면서 일기를 쓰겠다는 생각은 단지 언니를 따라하고 싶다는 욕심 때문이려니 생각했다.

성실하지 못한 사람이 일기를 매일 쓴다는 것이 얼마나 고통스러운 일인지 나는 이미 잘 알고 있다. 우리 집 식구 어느 누구도 매일이 아니더라도 일기를 쓸 만큼 성실한 사람은 없다.

아이들의 일기장은 보통 '그림 일기장' 이다. 승윤이는 일기를 쓰는 것보다도 번듯한 공책에 그림을 그릴 수 있다는 사실 하나로 일기장을 사 달라고 한 것이다. 몇 년을 허드렛종이나 광고지 뒷면에 그림을 그렸으니 번듯한 공책을 갖고 싶었을 것이리라.

일기장

아이는 새 공책을 갖고 싶었다. 일기가 쓰고 싶었기 때문이다. 이 그림을 그린 공책은 아이가 2년을 넘게 갖고 있었다. 하지만 이 책에 정도 들었나 보다. 아이는 책을 함부로 하지 않는다. 아이는 책에다가 일기장을 그려 넣었다. 언니가 일기를 쓸 때 어깨 너머로 본 일기장의 모양을 본떠 아이는 그림을 그렸다. 그리고 한껏 무엇인가를 써넣었다.

똥

책방에 들렀다가 아이들이 재미있어 할 만한 책을 한 권 샀다. 『누가 내 머리에 똥쌌어』라는 책이다.

아이들은 똥을 자기의 분신이라고 느끼는 듯하다. 동물들이 자신의 영역을 나타내기 위해 분비물을 사용하듯이 승윤이도 자신의 소유로 만드는 방법에 똥을 이용했다. 승윤이가 여기저기 똥을 쌌다는 말이 아니라 마치 화가가 그림을 그리고 확인을 하듯이 그림에 똥을 그려 넣었다.

어느 그림은 여기저기에 똥을 그려 넣었다. 똥을 그린다라는 생각을 한번도 못해 본 나로서는 이런 승윤이의 행동에 대하여 딱히 할 말을 찾지 못했다. 오히려 내가 '그 동화책을 잘못 사왔나?' 하는 생각이 들었다.

텔레비전에서 동물들의 습성을 보여 주는 프로그램인 '동물의 왕국'을 보면서 나는 승윤이에게 이야기했다. 동물들은 자신의 영역을 표시하거나 이동을 할 때 자신의 행로를 기억하기 위해 분비물을 사용한다는 것을.

승윤이는 똥 이야기를 너무도 좋아했다. 특히 물 밖으로 나와 똥을 싸며 엉금엉금 걸어가는 하마를 보고 개구진 표정으로 웃으며 뒤로 넘어갔다. 사자가 자기의 영역을 표시하기 위해 나무에 분비물을 문지르는 장면을 보면서는 지저분하다고 인상을 찡그렸다.

나로서는 똥을 싸고 돌아다닌다는 인상 외에는 별스럽지 않아, 아이가 더

똥

아이는 똥을 그리며 즐거워했다. 내가 더럽다고 해도 막무가내다. 오히려 더 신나서 똥을 그렸다.
옛날 사람들은 똥을 귀히 여겼다. 하지만 산업이 발달하고 도시화가 급속히 이루어지면서 똥은
우리의 일상생활과 동떨어진 더러운 배설물에 지나지 않게 되었다.
하지만 아이들에겐 똥이 친숙한 존재인 것 같다. 똥을 주제로 한 동화책이 여러 권 나오고,
캐릭터로도 개발되어 많은 인기를 끌며 다시 일상으로 스며들고 있는 것을 보면 참 재미있다는
생각이 든다. 똥의 진가를 아이들이 먼저 깨닫는 듯하니 더욱 그러하다.

이상 그림에 똥을 그리지 않았으면 하는 마음에 텔레비전을 보며 열심히 똥이 지저분하다는 이야기를 해 주었다. 이런 설명을 하는 나를 승윤이는 '아빠는 참 이상하다' 라는 표정으로 바라보았다.

승윤이는 두더지가 굴을 파고 굴 입구에 큼지막한 똥을 싸 놓은 그림을 그렸다.

그리고 승윤이는 그 똥을 가리키며, "여기는 두더지 집이에요. 놀러오세요"라고 나에게 설명했다.

두더지

두더지도 굴 입구에 똥을 싸 놓았다. 아이는 '동물의 왕국'에서 그런 장면을 봤다.
나는 아이가 현관문 앞에 똥을 싸 놓지 않을까 내심 걱정을 했다. 그러나 그런 일은 없었다.

우리 아빠, 사랑하게 해 주세요

승윤이가 언니를 따라 일기를 쓰기 시작했다. 글을 제대로 깨치지 못한 상태에서 일기를 쓰는 것이니 당연히 일기장은 그림으로 채워졌다. 일기의 제목은 한동안 '우리 아빠를 사랑하게 해 주세요' 였다. 집에 늦게 들어와 한동안 자는 얼굴만 봐서 그랬나. 나는 마음이 편치 않았다.

승윤이가 그려 놓은 그림을 언뜻 보니 승윤이와 아빠가 웃으며 놀고 있는 모습이다. 그리고 서투른 글로 써놓은 문장은 아빠를 사랑하게 해 달라니. 당장 물어 보고 싶었으나 자고 있는 아이를 깨워 물어 볼 수 없어 차일피일 미루다가 그 사실이 조금씩 잊혀 갈 무렵 승윤이는 다시 한번 같은 제목으로 그림을 그렸다.

승윤이는 어디선가 가족이라는 단어를 새로이 들었나 보다. 가족은 사랑하는 사람들이라고 생각을 한 것이고, 가족은 또 한집에서 같이 살아야 하는데 아빠라는 사람을 보기가 힘드니 아마도 승윤이는 아빠는 어떤 관계인지 궁금했었나 보다.

"아빠도 우리 가족이야?"라고 묻는 승윤이를 보면서 나는 가슴이 철렁 내려앉았다.

이런 세상에 아빠가 가족인지 아닌지를 묻다니…….

"아빠가 가족이 아니면 뭐야?" 나는 승윤이에게 물었다.

가족

아이가 아빠의 모습을 그리기 위해 노력했다고 한다. 하지만 아빠를 어떻게 그려야 할지 몰라 대신 작업실을 그렸다고 했다. 평소에도 아이가 나를 그릴 때는 나를 쳐다보며 그리지 않는다. 즉, 아이들은 대상을 직접 쳐다보면서 그림을 그리지 않는다. 그리려고 하는 대상의 인상깊은 특징을 우선적으로 그리는 이유도 그 때문이다. 아빠가 바쁠 때엔 늘 작업실에 있다고 생각하는 승윤이는 작업실에서 일하고 있는 아빠를 상상하면서 '보고 싶은 아빠'를 그린 것이다.

"아빠도 가족인데 왜 아빠는 매일 집에 안 와?"

"가족은 서로 사랑하잖아."

"그래서 같이 살잖아."

"승윤이도 집에 있고……."

"엄마는 집에 있는데 아빠는 왜 맨날 회사에 있어?"

"아빠도 집에 있으면 되잖아."

승윤이는 쉬지 않고 질문을 해 댔다.

"아빠는 회사 가야 되잖아."라고 당연한 듯이 나는 말했다.

"언니도 학교에 가는데 학교 갔다 금방 오잖아."

"집에 와서 우리하고 밥도 같이 먹고, 같이 놀잖아."

"근데 아빠는 회사에만 있잖아."

"아빠는 회사 사람들만 사랑해서 회사에만 있잖아"라고 말하면서 승윤이는 울먹이는 것이었다.

"승윤이를 사랑하면 승윤이랑 있어야 하잖아."

가끔씩 엉뚱한 논리를 펴는 승윤이다. 그런 사실을 알고 있으면서도 이런 질문을 받으면 나는 아이에게 어떻게 설명해야 할지 그 맥을 잃어버린다. 아빠가 회사에 다니는 것은 당연한 일이다. 그런 사실만큼 사랑하는 사람이 같이 있어야 하는 것도 당연한 일이다.

섣부른 생각에 나는 아빠가 돈을 벌어야지 승윤이 맛있는 것을 사 준다라는 설명을 하였다. 당연히 승윤이는 돈은 필요 없고 아빠가 집에 있어야 한다고 고집을 부렸다. 아이에게 자본주의의 논리를 가르쳐야 하는 상황이다.

이미 이야기는 잘못된 길로 한참을 들어선 기분이다.

"아빠랑 아이스크림 사러 가자."

"싫어!"

특단의 조치를 취했건만 단호히 거절당했다.

참으로 섭섭한 저녁을 보냈다.

다음날 출근하는 내게 승윤이는 내 손에 조그맣게 접은 편지 한 장을 쥐어 주었다.

회사 사람들에게 보내는 편지였다. "우리 아빠를 사랑하게 해 주세요"라는 글이 적혀 있었다. 이 편지를 본 회사 사람들은 모두 반성을 하고 내게 휴가를 주었다. 며칠을 쉬고 그 공백을 채우느라 고생을 하기는 했지만, 참으로 휴가를 받기에는 효과 만점의 편지였다.

우리 엄마

승윤이는 산만하다. 학교에서 준비물을 알려 주고 다음날 가져오라는 말을 잘 듣지 않는다. 승윤이같이 산만한 아이들을 위해서 '알림장'이라는 것이 있다. 엄마는 이 알림장을 보고 아이의 책가방을 싼다. 그러나 이 알림장에도 맹점이 있다. 아이가 알림장에 아무것도 쓰지 않았다면 아이를 의심하고 주변에 전화로 물어서 무엇을 준비해야 하는지를 알아보지만, 아이가 준비물을 적당히 빼먹고 써 온다면 엄마도 속수무책일 수밖에는 없다.

신경 써서 아이의 준비물을 챙겨 학교에 보냈는데, 선생님에게 아이가 준비물을 가지고 오지 않았다는 이야기를 들으면 당연히 엄마들의 입에서는 이런 말이 나온다.

"너는 누굴 닮아 그러니!"

이럴 때 화살은 그대로 나에게 꽂힌다. 나의 건망증은 조금만 과장하면 치매 수준이기 때문이다. 그리고 아이들 할머니가 친히 무능한 아빠의 유년 시절 '얼마나 많은 신발주머니를 잃어버렸는가'를 아주 상세하게 이야기해 버렸다.

"너희 아빠가 초등학교에 다닐 때, 잃어버리기 대장이었다"로 시작해 아이들에게 고개를 들지 못할 정도로 아빠를 무참하게 만들었다. 그 양반이 악의를 갖고 그런 이야기를 한 것은 아니라 이해는 하지만, 나는 아이들이

우리 엄마

나는 아이가 이 그림을 보여 주었을 때 내용을 잘 이해하지 못했다. 아이가 내게 이야기를
해 주었을 때 나는 아이에게 '뽀뽀'를 해 주었다. 인생역전이 이런 것이라고 생각한다.
아이의 안전을 위해서 내가 아이에게 들은 이야기는 생략하겠다.
문손잡이에 무엇인가가 그려져 있다. 그것은 외출할 때 엄마의 호주머니에 들어 있어야 할
집 열쇠꾸러미다. 엄마는 아이가 그림을 그릴 정도로 열쇠를 문손잡이에 꽂아두고 외출한 게
한두 번이 아니었다. 다행히도 우리 집이 가난해서인지 도둑에게 털린 적은 아직 없다.

숙제를 안 해가도, 준비물을 빼먹고 가도, 학교에서 학용품을 잃어버리고 와도 나의 강한 유전인자를 확인이라도 하듯 일방적으로 당했다.

적어도 승윤이가 이 그림을 그릴 때까지는 그랬다.

그림에는 구름도 웃고, 아이도 웃고, 모두가 웃는다. 나도 웃었다. 아이에게 이 그림 이야기를 들었을 때, 유일하게 아이들 엄마만 웃지 않았다. 이 그림에 대한 내용을 책에 실어야 할까 말까 하는 고민을 약간 했었다.

아이들의 엄마를 빼고 모두가 웃은 이유를 그림만 보고 알 수 있는 사람은 아주 예리하거나 경험자일 거라고 생각한다.

왼손잡이

"너는 왜 신발을 맨날 바꿔 신니, 오른쪽 신발은 오른발에 신고 왼쪽 신발은 왼쪽에 신어야지."

밖으로 나가기 위해 신을 신다가 엄마가 소리를 친다. 좁은 현관에서 다섯 식구가 모두 같이 신을 신으려면 난장판이 된다. 첫째는 겨우 자기 신을 구별하여 신는 정도고 승윤이는 성질이 급한지라 신발을 아무렇게나 신고 밖으로 나가려고만 한다. 신발을 제대로 안 보고 신으니 확률은 반반이련만 어김없이 이번에도 승윤이는 신발을 오른쪽과 왼쪽을 바꿔 신었다.

혹시 당신의 아이도 신발을 바꿔 신는다면 분명 그 아이는 왼손잡이일 것이다. 나도 어릴 적에 신발을 바꿔 신어 어머니에게 혼이 난 기억이 있다. 지금은 왼손잡이에 대한 편견이 예전만큼은 아니지만 그래도 왼손잡이의 입장에서 세상을 보면, 모든 세상의 구조는 오른손잡이 위주로 이루어져 있다. 왼손잡이의 불편함 정도는 무시된 채.

학교에서 우향우와 좌향좌를 제대로 못해 놀림을 받았던, 아직도 잊혀지지 않는 추억이 있다. 초등학교 저학년 때였다고 생각한다. 선생님이 오른손을 설명하면서, "밥을 먹는 손이 오른손이에요. 모두 오른손을 들어 보세요"라고 했을 때 나는 당당하게 왼손을 번쩍 들었다. 당시 한 반의 인원은 한 명의 선생님이 감당하기에는 너무 많았다. 선생님은 왼손을 치켜든 나를 보지 못하였다. 오른쪽과 왼쪽의 개념이 불분명했던 나로서는, '아, 내가 지금 든 손을 오른손이라고 하면 되는구나' 라고 생각했다.

지금 나는 주변사람들의 노력에 힘입어 양손잡이가 되어 있다. 그후 한동안 나는 내 왼손을 오른손이라고 생각을 하고 별 불편 없이 생활을 하였다. 운동장에서 수업을 하던 기억이니 아마도 체육시간이었을 것이다.

"앞으로 나란히." 선생님의 구령에 우리는 모두 양손을 앞으로 뻗어 앞사람의 양 어깨를 겨누었다. 우리는 아주 똑바른 줄을 만들고 선생님을 바라보았다.

"우향우." 나는 당연히 내가 생각하는 오른손 쪽으로 돌았다.

이런 장면은 그동안 크면서 코미디 프로그램에서 지치도록 보았다. 모두가 우향우를 하는데 혼자만 바보스럽게 좌향좌를 하는 장면. 지금도 가끔씩 그 바보스러운 행동을 코미디 프로그램에서 볼 수 있다. 모두가 웃어도 나는 그 장면에서 한번도 웃은 적이 없다. 오히려 한동안 왜 사람들은 자기들이 오른손이라고 부르면 나도 따라 같은 쪽 손을 오른손으로 불러야 하는지 의문이 들었다.

나는 내 왼손에 대한 소중한 경험(?)들을 영문도 모르는 체 오른손으로 넘겨 주어야 했다. 아무도 그 질문에 대하여 대답해 주지 않았다. 대학시절 페터 빅셀Peter Bichsel의 우화를 읽으면서 이유를 알았다. 아이들은 '당연히 그럴 것이다' 라고 생각하는 선입견이 없다. 그래서 자신이 생각한 것이 옳다 그르다를 판단하기 전에 행동을 한다.

올바로 행동을 하면서도 경험을 쌓고, 실수를 하면서도 경험을 쌓는다.

왼손잡이

학교에서 승윤이가 바보라는 소리를 들었다. 친구들에게 들었는지 아니면 다른 사람들에게
들었지는 말을 하지 않는다. 누구나 '바보' 라는 말을 듣는다면 속이 상하게 마련이다. 나는 이
그림을 보면서 아이와 한참을 이야기했다. 아무래도 아이가 왼손잡이라는 이유로 그런 말을 들은
듯하다. 아빠도 왼손잡이라는 말에 아이는 눈을 똥그랗게 떴다. 내가 나의 어린 시절 이야기를
끝내 갈 무렵 아이는 내 옆에서 잠들어 버렸다. 얼마 지나지 않아 승윤이가 오른손을 쓰기
시작했다. 그리고 바보라는 말도 더 이상 하지 않는다.
아이들의 행동은 서로 다르다. 아이들의 얼굴이 서로 다른 만큼 버릇도 다르다. 우리 어른들은
질서라는 이유로 이러한 서로 '다름' 을 개성으로 인정하지 못하고 '틀림' 이라 여기고 아이들의
습관을 고치려는 어리석은 짓을 하고 있다.

우리가 여유가 없다 보니 '실수를 하면서 만들어지는 경험'을 잘 인정하지 않으려는 경향이다. 아마도 우리는 실수는 실수일 뿐 경험이 될 수 없다고 생각하고 있는 것은 아닐까 싶다. 아이들의 실수에 대하여 과민 반응하는 어른들을 보면 알 수 있다.

내가 왼손잡이라서 승윤이에게 관대한 것인지 아니면 내가 아이들의 실수를 소중한 경험이라고 인정을 해서인지 구분해 본 적은 없다. 나는 우선 아이가 불편함이 없으면 되고, 그런 사고방식이 남들에게 불편을 끼치지 않으면 된다는 생각이다.

왼손잡이는 손뿐만 아니라 왼쪽을 중심으로 사고를 한다. 그렇기 때문에 오른손잡이와는 다르게 행동하는 것이다. 나는 왼손잡이도 개성이라고 생각한다. 더도 덜도 아닌 개성. 단지 개성 차이만 있다면 오른손잡이가 갖고 있는 왼손잡이에 대한 편견은 버려야 하지 않을까? 그런 편견은 단지 오른손을 쓰는 사람이 왼손을 쓰는 사람보다 많다라는 데에서 나온 모자란 생각이라고 말하고 싶다.

나는 왼손잡이용 가위도 안 만드는 나라에서 '다양한 문화'를 주장하고 있다는 사실이 코미디로 보이는 사람이다. 내가 이런 말을 하면 왼손잡이라서 삐딱한 생각을 한다는 이야기를 듣는다.

아내는 승윤이에게 한창 자라는 나이라고 신발을 한두 치수 큰 사이즈로 사 준다. 신발이 헐렁하니 오른쪽과 왼쪽을 바꾸어 신을 수 있다고 생각한다. 왼손잡이라서 신을 바꾸어 신는다는 생각은 아니다. 왼손잡이라고 불편함을 모르는 것은 아니다. 발에 맞는 신을 신으면

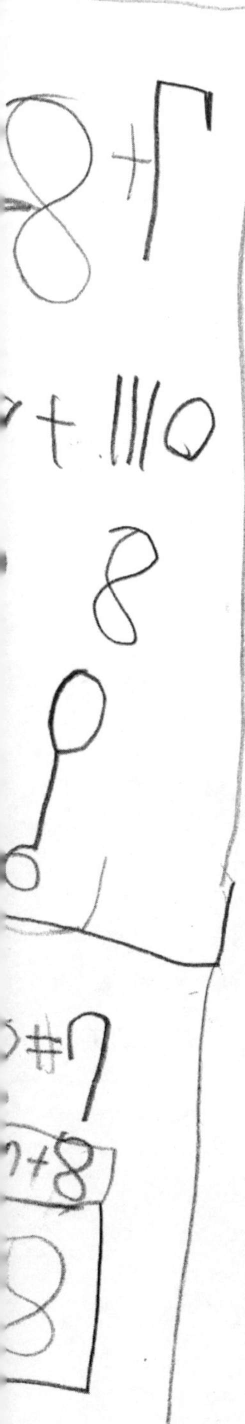

잘못 신으면 발이 불편할 것이고 그러면 금방 알아서 신을 제대로 신을 것이기 때문이다.

또 몇 가지 물건을 사용하면서 불편함을 느끼고, 몇 번의 시행착오를 거치면서 오른손으로 그 기능을 이양할 것이다.

배우는 과정에서 나타나는 아이의 행동이 기존의 습관과 다르다고 해서 나무라는 일을 없어야 한다. 다 나름의 방법으로 세상을 배운다고 생각한다.

유치원 교육에 대한 불만이 이 부분이다. 아이들 나름의 방법으로 결과를 찾아야 하는데, 대부분 제시된 획일적인 방법으로 아이들을 가르치면서 개성있는 교육을 꿈꾼다는 것 역시 코미디라고 생각한다.

왼쪽 중심의 사고
오른손이 우선이라는 습관 또한 선입견이며 편견일 뿐이다.
오른손만큼이나 왼손도 나름의 특징이 있다. 왼손으로 글자를
쓰면서 나타나는 '거울현상' 은 일시적이다. 잠시만 참고 기다린다면
왼손잡이 아이는 분명히 양손잡이가 된다.
오른손잡이인 아이가 양손잡이로 크지는 않는다.

난 이런 아파트가 좋아

승윤이는 아파트에 살 때 태어났다. 그러니까 승윤이에게는 아파트가 집이다. 승윤이가 "아빠~~~~" 하고 달려왔다. 내 생각엔 '이놈 또 뭐 먹을 걸 사 달라고 이러는군' 하고 경계를 하며 말을 받았다.

"콜라, 치즈, 피자, 안 돼. 아이스크림도 안 되지 안 돼!"

"그게 아니구. 나 이런 아파트 사 줘!" 하고 내게 그림 한 장을 내밀었다. 승윤이가 그린 아파트란 그림은 의외로 주택이라고 불리는 형태였다. "이게 무슨 아파트야 집이지!" 집과 아파트는 다르다는 내 생각에 무심코 말을 내뱉었다.

승윤이가 몇 년 동안 지금 내가 작업실로 사용하는 집에서 산 적이 있었다. 그 작업실에는 승윤이가 태어난 기념으로 심은 감나무가 있다. 아이가 다섯 살 때 지금 살고 있는 잠실의 아파트로 이사를 했으니 그 집에서 생활한 기억은 가물가물할 것이다. 승윤이는 가끔 작업실로 놀러와 자고 간다.

처음 승윤이가 그린 그림은 확실히 집이었다. 흔히 집이라고 말하는 일반적인 형태였다. 하지만 지붕 위의 새, 다락방 창문, 집 앞의 우편함, 굴뚝이 아무래도 동화책에서 그대로 베낀 형태였다. 난 이런 그림이 맘에 들지 않는다. 이 기회에 동화책에 그림을 그리는 일러스트레이터들에게 한마디 하고 싶다. "그 낡아 빠진 상상력으로 아무렇게나 그림을 그리고, 이쁘게만 포

이런 아파트 사 줘!

아이는 이런 아파트를 원했다. 아파트에 나무도 지붕이 뾰족한 집도 장난감 자동차도 그리고
자기가 좋아하는 모든 것이 함께 있는 커다란 집을 그렸다. 이것은 동화책에 나오는 행복하게
사는 어느 가족의 집 그림을 그대로 베낀 승윤이의 첫 번째 그림이다. 이 그림은 단지 형태를
그대로 따와 승윤이의 생각을 다른 사람, 최소한 가족에게도 설명하기 어려운 상태다.
모든 어린이들이 그림을 그리는 첫 번째 단계에서 이런 현상들이 나타난다. 여기서 단지
잘 그렸다 못 그렸다고 평을 하는 행위는 아이들을 지도하는 좋은 방법이 아니라고 생각한다.
아이가 경험한 내용을 자연스럽게 펼치도록 도와 주는 것이 가장 중요하다. 주변의 어른들이
이 단계에서 도와 준다면 분명 아이는 자신의 이야기를 그릴 수 있다.

장하지 말라!"고.

분명 십중팔구는 우리나라 산은 산인데 그 산이나 언덕에 핀 식물과 꽃들이 마치 세계 식물원 속에서나 볼 수 있는 품종들로 되어 있고, 옛날 이야기에 나오는 할머니 할아버지는 시대를 초월한 패션이고, 꽃잎 개수도 승윤이보다도 모르고 그림을 그린다.

하여튼 시대와 사회상, 그리고 자연의 표현을 사실을 바탕으로 상상하기 시작해야 하는데, 상상 속에다 시대 배경 및 풍광을 집어넣다 보니 터무니없는 그저 예쁜 그림이 된다. 주변에서 그림을 그릴 때 식물도감과 시대 배경을 묘사하기 위하여 며칠씩 도서관을 뒤지는 일러스트레이터를 종종 볼수 있다. 어린이 책을 만들려면 그 정도의 성의는 있어야 한다.

아이 그림을 고치려면 우선 아이와 대화를 해야 한다. 승윤이의 머릿속에 있는 사실들을 정리하려면 승윤이 어렸을 때 이야기를 다시 해 줘야 한다. 이 이야기를 그림으로 그리면 되는 것이다. 승윤이는 다시 중얼거리며 그림을 그리기 시작했다. 두 번째가 그 그림이다. 주택과 아파트가 한군데 모여 있는 그림을 그리고 난 다음 당연히 온 가족을 그리고 사랑한다라는 말을 썼다.

승윤이는 그림을 그리며 이런 말을 중얼거렸다. 아빠가 보고 싶은데 아빠는 우리가 심은 감나무가 있는 곳을 집이라고 하고 나는 아파트에 살고 있고. 아빠를 매일 보려면 승윤이가 사는 아파트와 아빠의 작업실이 한군데 모여 살면 좋겠다. 그럼 우린 사랑하는 가족이다. 이런 얘기였다. 그런 집을 안 사 주면 아빠는 자기의 보물단지 속 등장인물 중 악당이라는 말도 빼놓지 않고.

우리 동네

아파트라는 형태는 대부분의 건물들이 그러하듯 상당히 직선적이다. 아파트는 일반적인 건물들이 갖고 있는 세로로 긴 선보다는 가로로 긴 선들로 이루어진 특징이 있다. 특히 이 가로로 긴 선들은 몇 번이고 반복된다.

무심히 칸칸이 나누어진 아파트의 층은 아이에게 너무 재미없는 형태다. 아이는 층층마다 사람이 사는 집도 그리고 나무도 그리고 비행기도 그렸다. 언젠가 여행을 하면서 빌려 탔던 승합차도 그려 넣었다. 아빠의 작업실도 아이의 장난감도 그리고 바라는 모든 것을 그렸다. 아파트는 '개성 없이 사람들이 모여 사는 곳' 이라는 생각이 있는 나와는 달리 아파트에서 태어나고 자란 아이는 아파트가 갖고 있는, 하지만 아빠가 느끼지 못하는 또 다른 특징을 알고 있는 것이다.

텔레비전에 내 동생이 나와요

가끔 승윤이 앞에서 동생을 칭찬한다. 가능한 한 승윤이 앞에서는 동생을 칭찬하지 않으려는 생각이지만 어쩔 수 없이 그럴 때가 있다. 미운 일곱 살이란 말이 있다. 승윤이는 미운 세 살부터 계속이다. 아이를 가끔 보는 나야 아이에게 허용치가 항상 아이 옆에 있어야 하는 엄마보다는 크다. 당연한 이야기다.

들은 척도 안 하는 내게 아내는 오늘 하루 승윤이가 저지른 만행을 낱낱이 고해 바친다. "에이, 애들이 다 그렇지 뭐 승윤이가 유별난가" 하고 참지 못해 말을 받으면, 아내는 펄쩍 뛰며 첫째는 승윤이만할 때 안 그랬다고 말한다.

큰 아이는 그나마 얌전한 편이고, 승윤이는 천성이 왈가닥이다. 그러니 승윤이의 행동이 눈에 띄는 것이 자명한 일이다. 아이를 몇이나 키워 봤다고 아내는 승윤이의 못마땅한 행동을 나무라면서 저런 아이는 처음 봤다고 말한다. 나는 귀엽기만 하구먼.

내 생각엔 막내가 승윤이보다 더 난리다. 승윤이를 키우면서 경험이 쌓인 아내는 여유가 있다. 아내는 막내에게는 승윤이만큼은 안 한다. 그런 아내를 보면서 나는 빈정댄다.

"그저 사내라면 사족을 못 써요."

동생을 찾아 주세요

아빠가 자신의 얼굴에 상처를 낸 동생을 버리고 올지도 모른다는 생각에 아이는 이런 그림을 그렸다. 나름대로 동생을 잃어버리면 어떻게 해야 할까 생각을 했던 것 같다. 텔레비전에 동생을 찾는 광고를 내면 빨리 찾을 수 있다고.

이런 집안 분위기가 승윤이에게는 어떻게 보였을까? 이제 승윤이는 눈치가 빠해졌다. 승윤이 나름대로 분위기 파악을 하고 행동을 한다. 언니가 밥투정을 하다 야단을 맞으면 승윤이는 얼른 밥그릇을 깨끗이 비우고 "나 밥 이쁘게 다 먹었어" 하고 밥그릇을 내민다. 방이 지저분하다고 치우라고 야단치면 승윤이는 화장실로 들어가 문을 잠그고 큰 일을 보고 있다고 말한다. 순진한 첫째 아이는 핑계를 댈 줄도 몰라 그저 야단을 독차지한다.

승윤이는 착한 딸이라서 엄마 말을 잘 듣고 있으니까 이따가 맛있는 것을 사오라고 여우같이 전화도 한다. 그리고 생존(?)을 위해서 동생 칭찬도 아끼지 않는다. 동생을 사랑하지 않는다는 말은 아니지만 좀 지나친 경향이 있다.

막내가 걸어다니고 욕심을 부리기 시작하면서 승윤이와 싸움을 자주 한다. 물론 덩치가 있으니 아직까지 사내아이라도 동생이 힘에서 밀리는 것은 당연하다. 동생이 엄마를 쳐다보며 울기 시작한다. 승윤이는 더 큰 소리로 운다.

"승윤이는 동생이 미운가 봐, 동생이 나쁘니까 누구 줘 버릴까?" 하고 나는 막내의 손을 잡고 밖으로 나가는 시늉을 하면, 승윤이는 펄쩍 뛰면서 안 된다고 더 큰 목소리로 운다.

"그럼 뚝 그쳐! 동생에게 '미안해' 말해!" 엄하게 말하면, 승윤이는 울음 섞인 목소리로 바로 동생을 껴안으며 "아가, 미안해" 한다.

"뚝" 소리 한마디에 모든 사건은 종결된다. 아이들이 싸우는 이유야 들어보면 아무 일도 아니다. 그저 순간적인 욕심에 일을 벌이고, 그 일을 수습하기 어려우면 울어버리는 것이고, 상황이 변하면 금방 잊어버리고 언제 그랬 냐며 서로 껴안고 좋아 못 산다.

한번은 아이들 싸움이 도가 좀 지나쳤다. 승윤이의 얼굴에 상처가 길게 났다. 아무 생각없는 막내가 장난감을 갖고 놀다가 누나 얼굴에 그냥 그어 버린 것이다.

분별이 없어도 경계는 만들어야겠다는 생각에 나는 막내를 내다 버려야 겠다고 말하고 우는 승윤이를 뒤로 한 채 집을 나섰다. 내 생각 한편은 이 사내놈을 좀 새로운 분위기에서 야단을 쳐야겠다는 의도와 승윤이에게는 앞으로 동생하고 놀 때는 조심을 하라는 의미에서 막내를 집 밖으로 데리고 나왔다.

말귀도 못 알아듣는 놈이 내가 무서웠나 보다. 길거리에서 한동안 엄마를 찾으며 사정없이 울었다. 이놈은 평소에 나를 닮아 고집이 세다는 말을 듣 는다. 나는 내심 그래 누구 고집이 더 센지 보자고 생각하면서 놀이터에 그 냥 세워 두었다. 지나가던 사람들이 이상하다는 듯 쳐다보았다.

울다 지친 아이는 결국 울음을 그치고 나에게 항복을 하였다. "아나저, 아빠 아나조." 서투른 발음에 양팔을 벌리고 안아 주기를 기다리면서 아빠 를 바라본다.

아이를 안고 아이스크림을 사러 가면 이제 새로운 이야기가 된다. 나는 아이 손에 아이스크림 한 통을 들려 집으로 들어갔다.

"애를 데리고 나가서 어딜 갔다가 이제 와요." 아내는 걱정을 푸는 말투 로 말을 하면서 아이의 행색을 살핀다. 두 딸은 방으로 들어가 사태를 관망

하고 있는 듯하였다.

"아스크" 막내는 아이스크림을 두 손으로 들고 흔들어 댄다. 문이 열리고 아빠의 목소리, 무엇보다도 막내가 지르는 아이스크림이라는 소리에 두 딸은 방에서 뛰어나왔다.

승윤이의 얼굴은 약을 발라 더 흉해 보였다.

"자, 누나 '쎄쎄' 해!" 막내는 승윤이의 얼굴을 고사리 손으로 쓰다듬으며 "누나 아야 해서, 쎄쎄. 누나 갠차나?" 막내는 안타까운 표정을 짓는다. 아이들의 눈은 어쨌거나 아이스크림에 박혀 있다.

아이들에게 아이스크림을 주고 나는 아이들 방으로 갔다. 얼마 전 승윤이가 다리에 흉터가 있어 물어 보았더니 의자가 오래돼 삐그덕거리고 나무에 틈이 생겨 잘못 움직이면 나무 틈으로 허벅지 살이 잡힌다고 한 소리가 기억났다. 요란스런 놈이니 그 정도야 하고 별 생각 없이 넘겼지만, 얼굴의 흉터를 보고 나니 새삼스러웠다.

의자를 보려고 고개를 숙였다. 승윤이는 참으로 재미있는 놈이다. 내 눈에 의자가 들어온 것이 아니라 책상 위의 그림이 들어왔다.

텔레비전을 그리고 그 속에 동생을 그렸다. 그리고 못 쓰는 글씨로 몇 자를 적어 놓았다.

"내 동생을 찾아 주세요."

아마 잃어버린 강아지를 찾는다는 어느 텔레비전 광고를 보고 따라한 듯하다.

뿔 달린 아가, 내 동생

남녀평등을 주장하던 아내가 막내로 사내아이가 태어나면서 그 주장이 흔들리기 시작했다. 확실히 이러한 변화는 그동안 남녀평등의 유일한 희생양(?)이었던 나로서는 반길 만한 일이었다. 하지만 승윤이에게는 뼈저린 둘째의 서러움의 언덕을 올라가게 하는 계기였다.

주변 사람들도 승윤이가 태어났을 때와는 그 반응과 선물의 상태가 달랐다. 첫째와 둘째가 태어났을 때는 꿈쩍도 안 하시던 나의 아버지도 단숨에 병원으로 달려와 처음으로 며느리의 노고를 치하하셨고, 노친네가 간호원에 들려나오는 유리창 너머의 손자 고추를 몇 번이고 확인하셨다. 태어난 사내아이는 일단 옷부터 누나들에게서 이어받지 못하는 상태니 새옷이 줄줄이 들어왔고, 남자라는 이유로 선물로 들어오는 장난감도 달랐다.

승윤이 눈에 호들갑 떠는 어른들이 어떻게 보였을까. 자기는 언니 옷을 물려 받았고, 장난감도 언니 것을 나누어 쓰고, 하다못해 승윤이에게 새로 사 주는 옷조차도 "아이들은 금방 크니까 좀 큰 걸 사서 언니 몇 번 입히다가 승윤이를 주자"고 말하는 환경에서 자랐다. 나라도 미치고 팔짝 뛸 노릇이다.

이런 상황을 참고 지나가는 승윤이가 대견할 뿐이다. 아주 처절한 둘째의 서러움이다. 첫째가 받은 혜택은 승윤이가 태어나지 않았을 때 일이니 못

봤다고 치더라도 동생이 받고 있는 눈앞에 펼쳐지는 이런 대우를 어찌 참고 지낼 수 있나.

동생이 태어난 이후 승윤이에게 닥쳐온 가장 큰 황당함은 아마도 '빼앗긴 엄마' 일 것이다. 엄마의 독점권을 하루아침에 박탈당한 승윤이는 말수가 부쩍 줄었다. 아내가 아이를 편애한다는 말은 아니지만 승윤이를 챙길 여유가 없었다. 내 기억에 아마도 승윤이가 이즈음부터 내게 전화를 걸기 시작했다. 나도 우리나라가 IMF 체제로 들어섬으로써 하루가 어떻게 가는지 모를 만큼 정신 없을 때였다.

그날도 어김없이 밤 늦게 퇴근을 하고 집으로 들어가고 있었다. 어두운 현관 앞에 아이 하나가 쪼그리고 앉아 있었다.

"누구야, 승윤이 아냐!"

아마도 집안에서 떠들고 뛰다가 동생이 놀라 깨면 어떻게 하냐는 엄마의 핀잔을 듣고 현관 앞에 앉아 있는 듯했다.

"아빠, 아빠아……." 어휘가 부족한 승윤이는 '아빠' 만 서럽게 불러 댔다.

"오랜만에 아빠랑 데이트 할까?" 나는 승윤이와 함께 동네 놀이터로 갔다. 한밤에 동네 놀이터는 한가하기 그지 없었다. 밤중에 잠이 안 오면 가끔 아이들과 나와 미끄럼도 타고 그네도 밀어 주고 정글도 올라다니곤 했었다. 승윤이와 아이스크림을 하나씩 물고 그네에 앉아 흔들었다.

"승윤이는 누가 제일 좋아?" 나는 아이를 달래 볼 요량으로 말을 시작했다.

그러나 승윤이는 의외의 대답을 하였다. "아가, 아가가 제일 좋아."

"으응, 승윤이가 아가를 제일 좋아하는구나" 하고 나는 승윤이를 쳐다보

뿔 달린 내 동생

어느 날 갑자가 경쟁자로 등장한 동생. 아이는 그러라고 허락한 적도 없는데, 졸지에 엄마는
동생의 전유물이 되어 버렸다. 얼마나 서러운가. 동생 머리에 뿔을 그려 넣을 만하다.

았다.

"근데 엄마가 아가 옆에 못 가게 해, 아가 얼굴을 쓰다듬고 싶은데 아가가 아야 한다고 만지지도 못하게 하고……."

승윤이는 신발로 모래를 툭툭차며 볼멘소리로 대답을 했다.

"언니랑 엄마는 아가랑 노는데 나만 나가라 그래."

"아빠가 집에 가서 엄마랑 언니랑 때려 줄까?"라고 나는 승윤이게 주먹을 보여 주었다.

"아니, 승윤이도 아가랑 놀 수 있게 해 달라고 말해 줘, 아빠 응?"

"가자, 아빠가 아가랑 승윤이랑 놀게 해 주지."

나는 당당하게 승윤이의 손을 잡고 집으로 들어갔다. 승윤이와 화장실로 가 손을 깨끗이 씻고 방으로 들어갔다.

나를 보는 아내의 눈은 눈물 범벅이었다. 아이가 저녁부터 설사를 하고 지금은 거의 실신 상태로 울 기운도 없어 얼굴이 허옇게 되어 이불에 싸여 있었다. 병원엘 가려고 해도 승윤이가 보이지 않아 이도 저도 못하고 안절부절 하다가 내 얼굴을 보니 눈물이 나는 것이었고, 내 옆의 승윤이를 보니 둘이 분명 어디서 놀다온 분위기여서 아내의 눈초리는 매섭기만 했다.

"빨리 병원엘 가자!" 호들갑을 떠는 나에게 이제 보리차를 먹이고 겨우 안정되었으니 두고 보자고 말하고 아내는 등을 돌려 버렸다.

승윤이와 나는 거실로 쫓겨났다. 거실 소파에 앉아 서로 얼굴만 마주 볼 수밖에 없었다.

"저놈이 이뻐해 줄라고 했더니 그걸 거부하네 그려."

나는 투덜거리며 담배를 물었다.

"그렇지, 승윤아?" 나는 담배 한모금을 내뿜으며 승윤이의 동조를 구했다.

"이렇게 착한 승윤이가 아가가 이뻐서 '이쁘지' 해 줄라고 했는데 어떻게 하지, 홍승윤?" 하고 내가 물어도 승윤이는 아무 말도 하지 않고 가만히 앉아 있었다.

"우리 만화영화 볼까?" 묻는 나에게 "아까 만화영화보다가 시끄럽다고 엄마한테 야단 맞았어"라고 고개를 숙인 채 승윤이는 겨우 대답을 하였다.

"아니, 아가는 나쁘다, 승윤이 만화영화도 못 보게 하고……."

나는 승윤이를 달랠 요량으로 말을 이었다.

"승윤이는 너무 착한데, 그치? 아가는 도깨비 같아. 승윤이가 아가를 얼마나 이뻐하는데……."

나는 한참 동안 승윤이가 둘째로서 가질 수 있을 듯한 불만들을 대신 말하면서 딸아이의 눈치를 보았다. 승윤이는 아빠의 너스레를 자장가 삼아 내 옆에 기대어 잠이 들어버렸다. 방문을 열고 나오는 아내가 참 잘하고 있다는 눈초리로 나를 쳐다볼 때까지 나는 잠든 딸아이에게 너스레를 떨었다.

다음날, "아빠, 아가야" 하며 승윤이는 그림 한 장을 내게 내밀었다.

그림 속 사내아이의 머리에는 앙증맞은 뿔이 나 있었다.

내가 엄마를 더 닮았어!

첫째 아이는 엄마를 빼다 박았다. 승윤이는 나를 닮았다. 승윤이는 거듭 말하지만 욕심이 지나치다. 그래서 동네 사람들이 언니를 보고 엄마를 꼭 닮았다고 말하면 아이는 심술을 낸다. 아이는 자기가 더 엄마를 닮았다고 소리를 지른다.

밤늦게 집에 오는 아빠를 졸린 눈을 하고 기다린다. 현관의 문소리가 나자 아이는 잠자리에 있다 아빠에게 뛰어간다. 신발을 다 벗지도 못한 채 아빠는 아이에게 질문을 받는다. "아빠, 나 엄마 많이 닮았지?" 아이는 신을 벗으려 고개를 숙인 아빠의 얼굴을 보려고 고개를 돌려 얼굴을 들이민다.

"그럼! 승윤이가 엄마를 많이 닮았지, 그런데 아빠를 더 많이 닮은 걸." 아빠의 대답에 아이는 만족하지 못했다.

"언니랑 나랑 누가 더 엄마를 많이 닮았어?"

아이는 이제 안달을 한다. 나는 둘 다 엄마를 많이 닮았다고 말해 주었다.

아이는 하루 종일 엄마를 따라다니며 관찰을 한다. 이번에는 엄마의 화장대 거울을 쳐다보며 자기를 꼼꼼히 살펴본다. 아이는 언니를 노려본다. 며칠을 아이는 거울을 보고, 엄마를 보고, 언니를 보며 관찰을 했다.

드디어 아이는 자기가 언니보다 엄마를 더 닮았다는 사실을 증명할 그림을 그려 놓았다. 이후 언니와 승윤이의 모습은 오른쪽 그림과 같은 캐릭터

내가 더 닮았네!

아이들은 특별한 이유가 없으면 반복하는 행위를 하지 않는다. 그림을 그리면서도 마찬가지다.
대부분의 반복 행위는 정신장애적인 문제가 깔려 있다. 하지만 이 그림과 같이 목적을 갖고
있다면 아이가 그림을 그리면서 하는 반복 행위는 좀 의미가 다르다. 보통 아이들은 가족을
그리면서 서로 다른 모습으로 표현한다. 아이는 자연스럽게 엄마와 아빠를 보면서 남자와 여자를
구분하기 시작하고, 같이 자라는 형제를 보면서 크기를 다르게 한다. 즉 엄마의 머리와 자신의
머리 혹은 옷 등 서로의 특징을 나타내려고 같은 모양으로는 표현하지 않는다.

로 고정되었다.

이 그림은 사실과 상당한 차이가 있다. 왼쪽이 엄마, 가운데가 언니, 그리고 오른쪽이 승윤이다. 나는 이 그림을 보며 아이에게 거짓말이라고 했다.

아무래도 이 그림은 언니를 약올리려고 그린 듯하다. 하지만 이 그림을 바라보는 언니는 시큰둥하다. 만일 길거리를 걸어가는 사람들을 그린다면 대부분 같은 모습으로 그릴 것이다. 아이가 그리는 대상에 대하여 아는 바가 없는 만큼 표현도 단순하다. 하지만 가족은 다르다. 가족을 길거리를 걸어가는 사람처럼 개성없이 그린다면 그 아이는 분명 관찰력이 상당히 떨어지거나 특별한 목적이 있을 것이다.

어른들이 아무리 아이들에게 정성을 쏟는다 해도 아이들은 애정 결핍을 느낀다. 엄마를 사랑하는 승윤이는 엄마 머리카락이 곱슬이 아닌데 승윤이는 곱슬이라는 불만이 있다.

이 그림은 미장원에 다녀와서 그린 그림이다. 미용사가 머리를 만지면서 한 말에 대한 불만을 표현하는 그림이라고 생각한다.

그러한 아이의 불만에 대하여 나는 별로 신경을 쓰지 않는다. 그런 그림은 애정 결핍이 아니라 투정일 뿐이라는 것을 알고 있기 때문이다.

나는 아이에게 왜 승윤이 치마를 짧게 그렸냐고 물었다. 치마 길이만 길게 그렸다면 내가 보기엔 완벽하게 엄마를 닮게 그릴 수 있다는 생각에서 한 질문이었다.

아이는 당차게 대답했다. "다리는 내가 엄마보다 잘 생겼잖아!"

고양이가 아가를 닮았잖아!

우리 집은 사람이 먹을 것도 모자란다며 애완동물을 키울 생각은 아예 하지 않는다. 아이들의 엄마가 어릴 적에 개한테 물린 적이 있다고, 개 인형도 싫어한다. 나는 개를 한번 키워 볼까 생각한 적도 있었으나 말도 꺼내지 못했다. 하지만 승윤이는 동물을 좋아한다. 세 아이 중에 유난히 동물을 좋아한다. 승윤이도 엄마에게 애완동물을 키우자는 이야기를 했다가 엄청난 폭탄을 맞고 다시는 말도 꺼내지 않는다. 고양이를 좋아해서일까. 얼마 전 밤에 들었던 고양이 울음소리도 싫어하지 않는다.

아이는 어느 날 밖에 나가 놀다가 고양이를 보았다.

"고양이가 '야옹, 야옹' 하고 울던데." 아이는 신이 나서 고양이 울음소리 흉내를 냈다.

고양이가 밤에는 '응애, 응애' 하고 우는데 낮에는 '야옹, 야옹' 하고 운다고 아이는 말했다.

"야옹, 야옹, 응애, 응애."

승윤이는 이제 아예 고양이처럼 의자 밑으로 들어가서 고양이 울음소리를 냈다. 그런데 도가 지나쳤다. 승윤이의 소란에 갓난 동생이 깨어 울기 시작했다. 소란을 피워 아기가 깼다고 엄마가 소리를 지를 때까지 승윤이는 고양이 울음과 아기의 울음소리를 섞어서 냈다.

아기 옆에서 모처럼 단잠을 자다가 깬 엄마는 졸린 눈으로 아이에게 물릴 우유를 타러 주방으로 갔다. 우유병을 흔들며 엄마는 승윤이에게 눈을 흘기고 아기에게 갔다. 잠시 후 신나게 울던 아기는 젖병을 물었는지 조용해졌다.

승윤이는 엄마에게 혼이 안 나려고 방으로 쪼르르 들어가 아가 옆에서 온갖 재롱을 다 떠는 모양이다. 아기의 "까르르" 하는 웃음소리가 들렸다. 아기의 위문공연을 성공리에 마친 승윤이는 내게 달려왔다.

"아빠 아빠, 근데 말이야." 승윤이는 내 귀에 입을 갖다 대고 말하였다.

"아가도 배가 고프니까 '응애, 응애' 하더니, 배 부르니까 '옹애, 옹애' 하는데?"

승윤이는 동생이 고양이를 닮았다고 했다.

고양이를 닮은 동생

승윤이는 엄마와 놀고 싶어한다. 왼쪽의 그림은 엄마와 언니, 그리고 승윤이가 텔레비전을
보면서 재미있게 놀고 있는 모습이다. 재미가 한창일 때 젖먹이 동생이 잠에서 깨어나 엄마를
찾는다. 승윤이는 그런 동생을 고양이로 그린다. 동생의 울음소리 때문일 수도 있다. 언젠가
조심성 없이 아이에게 다가가다 동생이 버둥대는 손에 할퀴어서일 수도 있다. 늘 엄마를
자기에게서 빼앗아 간다는 생각으로 고양이를 그릴 수도 있다.

하지만 이 부분은 내 추측일 뿐 아이는 말을 하지 않는다. 동생처럼 어리광을 부리면 자기에게
엄마가 돌아올 줄 알고 그리하다가 막상 기대가 무너지고 혼만 난다면 말하고 싶지 않을 것이다.

왜 일주일에 일요일이 한번밖엔 없어!

승윤이가 유치원에 다니기 시작하고 시간이 꽤 지났다. 아이에게도 권태기가 온 것일까. 뛰어서 한 걸음에 유치원으로 달려가던 아이가 얼마 전부터 모든 것이 심드렁하다.

아이가 집에만 있을 때에는 요일을 구별할 필요를 느끼지 못했다. 매일 매일이 비슷하다가 유치원이라는 곳은 아이에게 처음엔 얼마나 다양한 나날이었을까. 또래 친구들도 많이 생겼다. 얼마간은 행복한 나날이었을 것이다.

하지만 얻는 것이 있으면, 잃는 것이 있다는 당연한 사실을 받아들이기에는 아직은 어린 나이일까. 집에서는 귀염둥이로 마음대로 행동하다가 유치원에서 하는 단체행동이라는 것이 마음에 들지 않았나 보다.

아이는 일요일이 제일 좋다고 했다. 아빠랑 놀 수 있어서 좋고, 늦잠을 자서 좋고, 마음대로 그림을 그릴 수 있어서 좋다고 했다. 아이가 유치원에 다닌다고 좋아하던 때가 엊그제 같은데 아이는 유치원에 가는 요일보다 일요일을 좋아했다.

일요일을 "빨간날"이라고 말한다. 달력에 일요일이 빨간색이기 때문이다. 그리고 공휴일도 빨간색으로 숫자가 칠해져 있다. 달력을 넘기면서 날짜가 빨간색으로 칠해진 날이 많으면 많을수록 기분이 좋다. 어른인 나도 그런데 아이가 일요일을 좋아하는 것은 당연한 일이다.

일요일이 많았으면……

이 그림과 같은 달력이 있다면 얼마나 좋을까.

누구나 이러한 달력을 원하지만, 막상 원하는 달력을 그리라고 하면 이렇게 그릴 수 있는 상상의
자유가 아직도 남아 있을까 하는 의문이 든다.

유치원에 입학하는 날 승윤이는 너무도 즐거워했다. 매일 유치원에 간다는 사실이 그렇게
즐거웠나 보다. 유치원에 다니기 시작하고 얼마 안 있어 아이는 변했다. 이렇게 재미없는
아빠에게도 아직 질리지 않은 아이가 유치원 생활이 싫어진 이유는 아마도 내가 그랬던 이유와
같을 것이다. 아이들이 예전에 비하여 버릇이 더 없어졌다고들 한다. 그렇게 말하기 전에
어른들은 아이들의 상황을 제대로 이해하고 있는지 생각해 봐야 하진 않을까.

시끄러운 교회

나의 학창시절, 교회의 새벽종소리를 들으며 잠에서 깨던 기억이 있다. 그 소리가 내게는 좋은 기상나팔이었다. 지금은 여러 가지 이유로 종소리가 사라졌다. 아쉬운 정도까지는 아니지만, 새벽에 종소리가 나지 않는 교회는 벙어리 같다는 느낌이다.

아직도 잠과 교회는 관계가 있는 것 같다.

승윤이가 좀 까다로워서일까 아니면 아이가 잠자는 시간과 예배시간이 비슷해서일까, 교회의 종소리는 아니지만 교회로 모이는 사람들의 웅성거림은 여간이 아니다. 사람들은 차를 몰고 교회로 모인다. 예배시간이 되면 교회 앞의 골목은 북새통이 된다. 상황이 이 정도 되면 차와 사람들은 뒤엉키게 되고, 저마다의 소리가 점점 커진다.

종소리의 기억이 산산조각 나는 순간이다. 아이는 당연히 잠을 자지 못한다. 특히나 초저녁에 창밖으로 교회 십자가의 빨간 네온 불빛이 빛나고, 사람들이 교회에 모여들며 웅성거리면 아이의 졸리운 눈에는 짜증이 가득하다.

승윤이는 하나님께 소원을 빈다.

"하나님, 빨리 사람들을 교회 안으로 데려가세요."

아이는 '하나님, 감사합니다' 의 의미를 안다.

잠 좀 자게 해 주세요

아이가 잠을 자다가 신경질이 나면 다음과 같은 행동을 한다. 첫째, 다리를 쭉 뻗어 발버둥을
친다. 둘째, 주먹을 불끈 쥔다. 셋째, 고개를 좌우로 흔들어 댄다.
아이들 방 창밖으로 꼭 요렇게 교회가 보인다.
아이의 그림 속의 직선은 곡선에 비하여 신경질적이라고 한다. 아이의 손가락이나 손목
움직임으로는 의도적이지 않으면 쉽게 직선을 그리지 못한다. 어떻게 말하면 아이들에게는
직선을 그린다는 자체가 스트레스일 수 있다. 아이들 그림의 직선은 평소에 사용하지 않는 근육과
어깨를 사용하여 그려야 하기 때문이다. 자신이 그리고 싶은 대로 그려진 선에 대하여는
즐거워하지만, 미리 정해진 선을 따라가는 작업, 특히 글자를 쓰는 작업에 대해서는 많은
스트레스를 느낀다.

물고기

아이들과 함께 어느 시골의 개울가로 놀러갔다. 강원도 어디쯤인데 마을의 이름도 모르는 곳이었다. 유원지로 개발이 된 곳도 아니고, 사람들이 놀러 올 만큼 대단한 곳도 아니었지만, 우리 가족은 차를 타고 목적지 없이 드라이브를 하다가 대충 여기가 한가하겠다 싶어 쉬어 가자고 차를 세운 곳이었다. 한여름인데도 햇살이 따갑지도 않았고, 신선한 공기는 가슴을 활짝 열게 했다.

그곳에는 아이들 서넛이 뛰놀 만한 개울과, 할머니와 할아버지 노부부가 사는 집이 한 채 있었다. 나는 대충 할머니에게 사정을 해 하룻밤을 머물기로 하고 아이들을 개울가로 내려보냈다.

두 평이 안 되는 크기의 개울가는 천방지축인 아이들에게는 안성맞춤이었다. 애초에 출발부터가 여행을 작정하고 서울을 떠난 것이 아니어서 뭐 하나 준비해 온 것이 없었다. 아이들의 옷가지도 마찬가지였다. 달랑 입고 있는 옷이 다였다. 나는 아이들에게 주의를 시켰다.

개울가로 내려간 아이들은 개울에 손을 담그며 마냥 좋아했다. 개울에 넣은 손을 쳐다보면서 승윤이는 소리를 쳤다.

"아빠, 손이 춤을 춰!"

아이들은 서로 개울에 손을 집어넣고 신나서 물살에 춤추는 손바닥을 바

냇가에서

왼쪽 맨 위의 그림은 물에 담긴 손을 그린 것이다. 물결에 너울거리는 손 모양이 너무도 신기한지
세 아이가 모두 한참 동안 개울에 손을 담그고 있었다. 그때 송사리떼가 나타났다.
승윤이는 헤엄치는 물고기를 처음 봤다. 물론 어항 속의 금붕어는 이미 본 적이 있지만,
어항이라는 물건은 아이들이 함부로 접근하지 못하기 때문에 별로 신기해 하지 않는다.
아이는 자기 손과 물고기가 같은 물 속에 있다는 것을 신기해 한다.
오른쪽 그림은 바위 사이로 쏟아져 내리는 개울을 그린 것이다.

163

라보았다. 그러다가 아이들은 물 속에서 헤엄치는 물고기를 보았다.

"멸치다! 멸치!"

도시에서 자란 아이들이 살아서 헤엄치는 물고기를 볼 기회는 드물다. 멸치만한 송사리를 보고 아이들은 신기해 하였다.

나는 할아버지에게 된장을 한 움큼 얻어 아이들 손 근처 개울물 속에 던져 놓았다. 아이들은 숨을 죽이고 개울에 담근 손이 시린 줄도 모르고 물고기를 기다렸다. 물 속에서 된장이 퍼져 나가고 송사리들이 한두 마리씩 모여들기 시작했다. 아이들은 손가락을 꼼지락거리면 송사리들은 꼼지락거리는 아이들의 손가락에 맞추어 된장 주위에 헤쳐 모이곤 했다.

"아빠 물고기가 백 마리도 넘어!"

얼마 안 가 아이들은 개울 속으로 첨벙거리며 들어가 버렸다. 이미 하룻밤을 지내기로 정했는데 어쩌랴 싶은 나는 개울 속에서 첨벙거리는 아이들을 그냥 놔두기로 했다.

선물

"생일선물로 뭘 사 줄 거야?"

아이가 선물을 당당히 요구한다. 아이들은 충동구매를 한다. 물건을 봐야 갖고 싶어한다. 친구가 혹은 주변의 누군가가 갖고 있는 물건을 갖고 싶어한다.

승윤이는 언제인가부터 갖고 싶은 물건들을 그림으로 그렸다. 하지만 그림을 그린다고 해서 그 물건이 생기지 않는다는 사실을 알았나 보다. 아이는 그림에다 갖고 싶다고 글자를 쓰기 시작했다.

승윤이는 5월이 생일 달이다. 하지만 10월부터 생일선물을 그리기 시작한다. 왜냐하면 언니의 생일이 10월 달이기 때문이다. 아이는 언니가 어떤 선물을 받는지 유심히 보고 그림을 그려 둔다.

생일이 아니더라도 언니가 받은 선물은 다 그린다. 언니가 받은 선물보다도 장식이 조금 더 화려하게, 언니가 받은 지갑보다도 더 예쁜 색깔을 칠하고, 언니가 받은 반지보다도 더 큰, 어느 면에서나 언니가 받은 선물들보다도 좋은 선물을 기대한다.

평소에 둘째 아이는 선물을 받을 기회가 없다. 다들 입을 모아 하는 이야기 중에 "여자가 시집을 가면 이름이 불리지 않는다"라는 말이 있다. 아이의 엄마는 첫째 아이의 이름이 붙은 '슬기엄마' 라고 불린다. 막내가 사내아이라 막내 이름을 붙여 부르기도 한다. 하지만 지금까지 둘째 아이 이름을 붙여 부르는 사람을 보지 못했다.

혹시나 승윤이의 학교 선생님이 그렇게 부를 수는 있겠지만, 두 아이는 같은 학교에 다니고 승윤이의 담임선생님도 승윤이보다 언니를 먼저 알아버려, 그래서 슬기어머니가 입에 밴 분이다.

그래서일까 둘째 아이에게는 선물이 인색하다. 엄마라는 단어 앞에 이름이 붙는 아이와 붙지 않는 아이는 확실히 다른 사람들로부터 존재감이 덜하다. 둘째 아이인 승윤이에게 들어오는 선물을 보면 확실히 알 수 있다.

그래서 둘째는 생존력이 강한가 보다. 아이는 확실하게 선물을 요구한다.

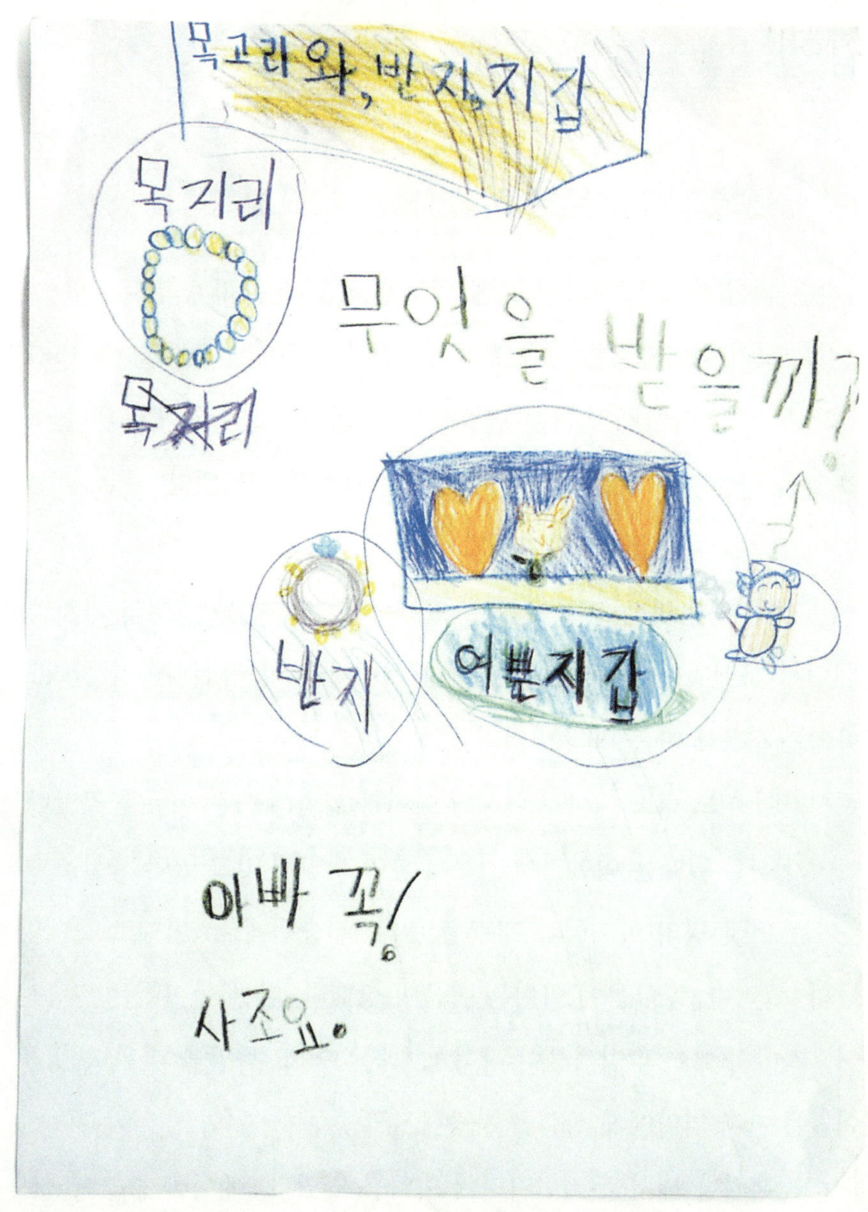

선물 목록

승윤이는 유독 선물을 밝힌다. 언니는 늘 새것을 받는다는 생각이 머리에 있나 보다.

승윤이는 생일날에야 새것을 받을 수 있다. 그러니 갖고 싶은 모든 것을 생일날로 미룬다.

잊어버리지 않으려고 종이에 오랫동안 하나씩 그린다.

섭섭해!

뒤뚱거리던 놈이 어느새 자라 학교에 입학을 하고 운동회가 있다고 했다. 운동신경이 그리 뛰어나지 못하다고 생각했기에 운동회에서 상을 타리라고는 생각도 못했다. 아이가 뜀박질 경주에서 두 번째로 들어왔다고 했다. 하지만 그 말을 하는 아이의 얼굴은 그리 즐거운 표정은 아니었다.

"승윤이 잘 했는데 얼굴이 왜 그래?"

아이는 자기가 첫 번째로 들어올 수 있었는데 그렇지 못한 여러 가지 이유를 대면서 아쉬워했다. 두 번째도 잘한 것이니 그리 아쉬워하지 말라고 해도 아이는 서운해 하는 기색이 역력했다.

나는 시간이 어느 정도 지나고 나서야 아이가 섭섭해 하는 이유를 알았다. 내가 아이가 상을 탔다는 이야기에 기분이 좋아 까맣게 잊고 있던 사실을.

승윤이는 여섯 명의 아이들과 경주를 했다. 결승선에 두 번째로 들어와 신이 났다. 그러나 그 다음에 아이는 마음이 상했다. 다른 아이들은 결승선에 들어오자마자 아이의 아빠들이 나서서 사진을 찍고 목말을 태우고, 상을 탄 아이들은 아빠 엄마에게 상품을 자랑하고.

승윤이도 혹시나 해서 두리번거리며 아빠를 찾았다. 애석하게도 아빠는 그 자리에 없었다. 그래서 아이는 풀이 죽어버렸다. 아빠로 살아가면서 무능하다는 생각만 늘어간다.

마음이 아파요

나는 언젠가 아이에게 마음에 대하여 설명해 주었다. 승윤이는 마음이 예쁘니까 몸 한가운데에
예쁜 꽃이 들어 있을 것이라고 설명해 주었다. 그래서 아이는 자기 몸 한가운데에 예쁜 꽃같이
생긴 마음이 있다고 생각한다. 마음이 아픈 이유는 그 예쁜 꽃이 몸에서 도망을 가버렸기
때문이라고 아이는 생각한다.

엄마는 시계랑 친해요

"엄마는 왜 시계가 시키는 대로만 해?" 시계를 볼 줄 모르는 승윤이가 시간에 늦어 분주하게 움직이는 엄마에게 물었다. 어른들은 가끔 아이의 질문을 소홀하게 대한다. 시간에 쫓겨 정신이 없는 엄마는 아이의 질문에 대답을 할 겨를이 없다.

아이는 너무나도 궁금했다. 엄마가 시계를 보고 왔다갔다 하면 예뻐진다. 학교에서 파한 언니를 데리러 갈 때 엄마는 화장을 한다. 그 시간이 되기 전 엄마의 모습은 집안의 하녀다. 그러다가 시계를 보고 왔다갔다 하면서 엄마는 변신을 한다. 엄마는 늦었다는 말을 연거푸 하면서 언니를 데리러 학교로 뛰어간다.

아이는 이러한 엄마에 대하여 궁금한 것이 한두 가지가 아니다. 아이가 늦잠을 잘 때도 엄마는 벽에 걸린 동그란 시계를 손가락으로 가리키며 소리를 지른다. 아이가 배가 고파 밥을 달라고 할 때에도 엄마는 역시 동그란 시계를 가리키며, 아직 때가 안 되었으니 조금만 더 있다가 밥을 먹자고 한다. 아이가 심심해서 언니가 언제 집에 오냐고 물어 봐도 엄마는 그 동그란 시계를 가리키며, 조금만 더 있으면 언니가 집에 올 것이라고 말한다.

아이는 골똘히 무엇인가를 생각하다 엄마에게 묻는다.

"그럼 저 똥그란 시계가 뭘 해야 아빠가 집에 와?"

엄마와 시계

시계는 여러 가지 진법을 사용한다. 십진법, 십이진법, 육십진법을 사용한다. 어른들이
아이들에게 시계를 보는 방법을 가르치면서 이런 사실을 간과한다. 호기심이 많은 아이일수록
시계를 잘 못본다. 보통 벽걸이 시계는 1부터 12까지 시침을 위한 숫자가 써 있게 마련이다.
이제 막 숫자를 배운 아이가 1을 가리키며 5라고 하고 2를 가리키면서 10이라고 한다면 문제는
심각하다. 하지만 아이는 얼마 안 있어 그런 방식으로 시계 보는 법을 배우게 된다. 수의 개념을
알기 전에 외워 버린 '일 이 삼 사'는 아이에게 여간 혼란스러운 일이 아니다. 엄마에게 시계 보는
법을 배우다가 승윤이가 신경질을 낸 적이 있다.
"어른들은 맨날 자기들 마음대로 해!" 그래서 숫자도 자기 맘대로 말한다고 했다.
그후 아이는 시계를 그릴 때 아무 숫자나 맘대로 써넣는다.

아빠, 나 발레 할래

"승윤이는 다리가 참 예쁘다."

"응, 난 얼굴도 예뻐."

승윤이는 공주병이 있다. 크리스마스 언저리 어느 날인가 '호두까기인형'을 보고 와서는 늘 그렇듯이 자신의 맘에 드는 무엇인가를 한다고 했다. 물론 승윤이는 연극에서 공주가 가장 눈에 띄었을 것이고, 당연히 공주가 되려면 발레를 해야겠다는 생각에 나에게 말한 것이다.

"아빠, 나 발레 할래!"

발레, 발레라……, 참 난감했다. 지금도 학원에 다니는 것이 한두 가지가 아닌데, 어떻게 설명을 해야 할지 대화의 초점을 어디에 맞춰야 할지 감이 잡히지 않았다.

우선 내가 바쁘다는 핑계로 호두까기인형을 보지 않았다. 내가 갖고 있는 지식이라곤 어릴 적 크리스마스를 즈음하여 텔레비전에서 본 호두까기인형에 대한 어렴풋한 기억밖에는 없었다.

아이가 목적을 갖고 공격해 오면 아무리 어른이라도 무방비 상태로 당하기 일쑤다. 이 부분에서 무지를 감추기 위해 얼렁뚱땅 대답을 하면 그 말의 결과는 엄청난 역효과를 낳는다. 내 경험으로는 되로 주고 말로 받는다.

"사실 말이야 아빠가 발레에 대해서 잘 모르거든. 그러니까 승윤이가 아

발레를 해요

승윤이의 발레복은 노란색이다.
발레학원의 유니폼 색이다. 승윤이가
처음 발레학원에 등록하고 와서 그린
그림이다. 그림 속에 한 아이만
붉은색으로 칠해 놓아 물어 보았다.
그 아이는 발레복이 없어서 내복을 입고
발레를 했다고 승윤이가 말했다.
아래쪽 그림은 아이가 발레의 기본
동작을 그린 그림이다. 선생님이
설명하면서 시범을 보여 주었다고 했다.
화살표로 동작을 연결할 생각을
한 것이 신통하다.
두 그림을 보고 나는 승윤이의 발레
타령이 오래 가지 않을 것이라고
생각했다. 그리고 그런 예상은
적중했다. 아이들은 별로 즐겁지 않은
표정이고, 시범을 보이는 선생님만
즐겁게 웃는 표정이 그 답이었다.

173

빠한테 한번 설명해 줄래?"

나는 아이가 설명하기 힘이 들 것이라는 예상을 하고 물었다. 아이가 아빠를 이렇게 궁상맞게 만들 줄은 몰랐다. 너무 옹색한 질문이었다.

"왜 다리를 이렇게 들고 춤추는 거!"

승윤이는 공주가 하는 몸짓을 정확히 머릿속에 기억하고 있었다. 그리고 처음이라고 하기엔 상당히 세련된 몸짓을 했다.

나는 승윤이가 무엇을 간절히 바라다가도 금세 흥미를 잃고 다른 것에 빠져버리는 성격이어서 대수롭지 않게 생각했다.

그런데 아이는 발레 이야기가 나오고 한 달이 다 되도록 발레를 하고 싶다고 조르고 있다. 얼마 지나지 않아 아이들 교육이 그렇듯 엄마의 전권으로 아이는 발레학원에 다니기 시작했다. 역시 모성은 대단하다.

시장 가자, 아빠!

열두 시가 넘어 집에 들어갔다. 잠을 자고 있을 줄 알았던 아이들이 우르르 몰려와 안기면서 시장을 가자고 난리다.

"갑자기 웬 시장?" 나는 아내를 쳐다보았다.

아이들이 시장을 가자는 말은 순대가 먹고 싶다는 말이다.

우리 집은 시장을 보는 것조차 가족 행사다. 아이들이 아직 어린지라 집에다 떼어놓고 다닐 수가 없어 모두 데리고 가야 한다. 결혼하고 나서는 신혼이라서 시장을 같이 가고, 첫째를 낳고 나서는 아이만 집에 둘 수 없어 다 같이 가고, 이젠 모두가 같이 가지 않으면 어색하다.

아이들은 시장을 좋아한다.

나도 어렸을 때 시장 가는 어머니를 부지런히도 따라다녔다. 내가 어머니를 따라서 시장에 가는 이유는 간단했다. 꼭 뭔가가 떨어지는 게 있기 때문이다.

"아유, 그놈 똑똑하게도 생겼네" 하시며 시장의 물건 파는 아주머니들은 내 머리를 쓰다듬어 주셨다. 그리곤 영락없이 뭐 하나라도 집어 주셨다. 어머니야 공짜로 먹을 것도 주고 자기 자식이 똑똑하다고 말도 해 주는데 아들을 시장에 안 데려갈 이유는 없었다.

재래시장의 인심은 아직도 살아 있다. 아이들의 엄마는 이런 음식들을 불량식품이라고 단정하였다. 하지만 시장 아주머니들의 호의는 아이들의 의지를 엄마보다 강하게 만들었다. 아이의 엄마는 어릴 때 아주 곱게 자란 듯하다. 아이들과 시장음식을 몇 번 먹어 보더니, 내가 보기엔 아이들보다 이제는 더 좋아한다.

나는 개똥철학과 같은 이론으로 가족을 충동질한다.

"일본 사람들은 말이야, 너무 청결을 따지다 보니까 이제는 병균에 대한 면역성이 떨어져 병에 잘 걸린대. 그러니까 우리는 가끔 불량식품을 먹어서 면역성을 키워 줘야 해. 그렇지 애들아, 아빠 말이 맞지?"

아이들이야 불량식품이건 아니건 먹자는 데는 반대할 놈들이 아니다. 우선 하나라도 더 먹고 보자는 인생관을 이미 터득한 아이들이다.

아이들 엄마는 요즈음 농협에서 새로 만든 대형 마트로 가자고 했다. 양재동에 있는 이 시장은 주차장도 시장 건물도 으리으리했다. 아이들 엄마는 물건값이 싸서 신이 났고, 나는 엄청난 규모의 시장을 우리나라에서는 처음 봐서 어리둥절했다. 자제력을 잃으면 꼭 사고가 난다. 가족이 손을 꼭 잡고 다닌다고 해도 실수는 벌어진다. 당연히 우리 집 사고뭉치가 눈에 보이지 않았다. 순간 소름이 끼치고 다리가 후들거렸다.

시장에 설치되어 있는 스피커에서 승윤이의 이름이 연거푸 나오고, 우리는 아이를 잃어버린 칠칠치 못한 부모가 되고, 그 큰 시장을 몇 바퀴 돌고 나서야 어디선가 나타난 아이를 찾을 수 있었다. 얼굴이 눈물 범벅이 된 것은 아이가 아니라 엄마였다.

아이는 아무 일도 없었다는 얼굴로, 동그란 두 눈만 껌뻑이고 있었다.

길 잃은 승윤이

아이는 이 그림을 그리면서 아빠에게 그날 일을 이야기하였다. 시장을 간다고 하여 아이는 좋아라
하고 따라나섰다. 그러나 막상 시장에 도착하니 기대와는 영 달랐다고 했다. 그래도 모험심 강한
승윤이는 순대 아줌마를 찾아 온 시장을 뒤졌다고 했다. 아이는 그 큰 시장을 다 돌고서야 자기가
한눈을 팔고 있다는 생각이 들었다고 했다. 그래서 그림에는 한쪽 눈이 없다. 한쪽 눈을 어딘가에
팔았다고 말했다. 그래서 길을 잃었다고. 아이는 언젠가 아빠가 알려 준 북극성이 생각이 나
밤하늘을 쳐다보았다고 했다. 밤에 길을 잃었을 때 사람들은 하늘에 북극성을 보고 길을 찾는다는
말을 떠올린 것이다. 별은 보이지 않고 커다란 초승달만 보이더라고 이야기했다.

어떻게 꽃잎이 나비가 돼?

아주 어렸을 때의 기억이다. 겨울이 다 지나갈 즈음 입춘이 되면 우리 집은 '입춘대길'을 대문에 붙이고 집안 대청소를 했다. 이 행사 중 아직도 머릿속에 남아 있는 기억은 문풍지를 새로 붙이는 일이었다.

온 집안의 문짝을 다 떼내어 앞마당에 차곡차곡 쌓아 놓고 우물물을 퍼서 죽죽 뿌렸다. 문살에 붙어 있는 지저분한 한지를 물에 불려 수세미로 북북 문질러 깨끗하게 정리한다. 부엌에서는 풀을 쑤어 내오고 아버지가 새로 사 온 한지에 바르고 손질한 문살에 조심스레 입힌다.

온 가족이 이래야 된다 저래야 된다 떠들다 보면 어느새 문살에 한지가 새로 입혀진다. 어느 정도 정리가 되면 할머니는 성경책 속에서 작년에 따서 모아두었던 꽃잎들을 들고 나오셔서 문에 달린 손잡이 부분에 무늬를 만드셨다. 그 색깔이 얼마나 고왔던지 아직도 그 기억이 생생하다. 승윤이와 그림을 그리기 위해 이런 저런 이야기를 하다가 언뜻 그 생각이 나서 이야기해 주었다.

"에이, 아빠는, 어떻게 꽃잎이 나비가 돼? 아빠는 거짓말쟁이야!"

유치원에 들어간 다음 승윤이는 참으로 과학적인 사고를 하게 되었다.

나는 작년 가을 우이동 계곡에 놀러갔던 기억을 떠올렸다.

새로 시작한 일 때문에 여유가 없었던 나는 일요일도 시간을 내기 힘들었

나비가 된 꽃

이 그림은 내가 처음으로 아이에게 주문을 하여 아이가 그린 그림이다. 아빠의 뚱딴지 같은 주문을 받은 승윤이는 꽃을 그리기 시작했다. 그리고 나비가 되지 않자 멀뚱히 아빠를 쳐다보았다. 그래서 나는 아이에게 책갈피 속에 1년 내내 눌려져 있던 나뭇잎들을 꺼내 주었다. 아이들이 좋아하는 색상에 대하여 어른들은 편견이 있다. 알록달록한 아이들의 장난감이 그 대표적인 예이다. 알록달록한 원색은 전문적으로 말해 명시도가 높다는 말이다. 가장 명시도가 높은 색상이 빨간색이다. 남자 아이보다 여자 아이가 지적 성장이 빠르다. 이 말은 여자 아이들이 먼저 색을 본다는 뜻이고 분명 명시도가 가장 높은 빨간색에 반응한다는 의미이다.

이런 반응을 보고 여자는 빨간색을 좋아한다고 어른들은 생각한다. 남자 아이도 빨간색에 먼저 반응한다. 그저 어른들이 여자 아이들이 빨간색에 반응하니까 남자 아이들은 빨간색의 보색인 파란색을 좋아한다고 생각하는 것뿐, 여기에는 아무런 근거가 없다.

그 다음은 아이들은 원색을 좋아한다는 생각이다. 어떤 면에서는 일리가 있을 수 있으나, 정확히 말하면 아이들은 자연색을 좋아한다. 모든 자연색은 형태가 있는 색이다. 꽃의 색깔, 나뭇잎의 색깔 등 자연의 색은 고유의 톤이 있다. 이에 반하여 인공색— 색종이의 색—은 자연색에 비해 훨씬 명시도가 높지만 떠올릴 만한 특정한 형태가 없다. 그래서 아이들은 녹색 하면 색종이보다는 나뭇잎을 떠올린다. 아이에게 다양한 색상 능력을 키우려면 자연색을 배우게 하는 것이 좋다.

매미
아이가 나뭇잎을 보며 너무 좋아했다. 그리고 작년에
아주 즐겁게 나뭇잎을 주웠던 기억을 떠올렸다.
그리고 나뭇잎으로 매미를 만들었다. 그때 우이동
계곡에는 정말로 매미소리가 한창이었다.

다. 남들은 다들 단풍놀이 간다면서 식구들이 난리였다.

"아빠, 우리는 어디 안 가?" 아이들이 손가락을 입에 물고 천사의 눈길로 나를 올려다보았다.

"그래, 가자 아무 데나 우선 가자, 저번에 가자고 하고 못갔던 용문산이라도 가자." 별 준비없이 일단 차를 몰던 나는 북한산을 불광동 쪽으로 한 바퀴 돌아 의정부를 거쳐 어찌어찌 우이동 계곡으로 차를 몰았다. 너무 늦게 출발해 용문산에 갖다 오는 일이 그리 내키지 않았고 서울에도 산은 많다는 막연한 생각에 부담없이 차를 몰았다.

사람 많은 곳은 질색이라서 좀 한가한 데를 찾는다고 헤매던 것치고는 우이동은 아주 좋은 계곡이었다. 인적도 드물었고, 듬성듬성 카페가 들어서서 좀 망가졌다는 느낌이 들었지만 대체적으로 완만한 언덕이라 아이들이 뛰어다니기도 수월했고 산책하기에는 더없이 좋은 느낌이 들었다.

"여기가 용문산이야." 차에서 내린 아이들은 용문산이라고 떠들며 뛰어

무당벌레

승윤이는 무당벌레를 만들어도 되냐고 내게 물었다.
나는 당연히 된다고 대답했지만
무당벌레를 어떻게 만들 수 있을까 궁금했다.

카멜레온

승윤이는 이제 나뭇잎으로 형태를 만드는 것에 자신감이 생겼다.
앞의 두 형태가 매미와 무당벌레를 표현한 것이라면, 이것은 벌레를 잡아먹는
카멜레온을 표현한 것이다.

나갔다. 뭐 용문산이면 어떻고 설악산이면 어떠냐는 생각에 아무 말 없이 단풍이 물든 계곡을 따라 걸었다.

"아빠, 단풍잎이 이쁘지?" 아이들이 낙엽을 한 움큼씩 손에 쥐고 와서 하늘에 뿌렸다.

"우리 나뭇잎을 주워 갈까?"라고 내가 말하자 아이들은 모두 엄마의 얼굴을 쳐다보았다. 평소에 쓰레기를 집안으로 갖고 들어온다고 야단을 맞던 아이들로서는 아빠의 제안에 힘입어 엄마의 허락을 기다렸다.

"아무 거나 줍지 말고 이쁜 것만 주워!"라고 엄마의 허락이 떨어졌다. 아이들은 산지사방으로 뛰어다니며 나뭇잎을 모았다. 나도 가을꽃들을 따서 차에 싣고 다니던 몇 권의 책갈피에 끼워 넣었다. 그때 승윤이가 어디서 예쁜 하얀꽃을 따 가지고 왔다. "아빠, 여기 예쁜 꽃" 하며 내게 내밀며 "아빠가 갖고 있다가 내가 달라고 하면 줘야 돼"라고 확인을 몇 번이나 하면서 건네 주었다. 집으로 돌아오면서 승윤이는 그 꽃을 달라고 하였다. 내가 잘 눌러 놓았다가 겨울이 지나면 보자고 하자 승윤이 눈에는 눈물이 고였다. 하지만 나는 잘 말린 꽃을 보여 주고 싶다는 욕심에 아이스크림으로 승윤이의 관심을 돌려 버렸다. 그 기억이 났다.

"아빠가 나뭇잎으로 잠자리를 만들어 볼까?"

승윤이는 전혀 믿지 않았다. 나는 내심 '그래 그렇게 완강하게 부정을 해라, 그래야 그 고정된 생각에서 빠져나올 수 있지' 라고 생각하면서 책갈피 속에 끼워 놓았던 나뭇잎들을 꺼냈다. 잘 말려진 나뭇잎들은 냄새도 풋풋했다. 아이들과 함께 나뭇잎 냄새를 맡으며 나는 잠자리를 만들기 시작했다.

돈을 많이 버는 방법

아이가 갑자기 내게 말했다. "아빠, 돈을 많이 벌려면 어떻게 해야 하는지 알아?"

아이의 뚱딴지 같은 질문에 나는 당연한 대답을 했다.

"열심히 일을 해야지, 그래야 돈을 많이 버는 거 아닌가?"

아이는 무슨 그런 말도 안 되는 소리를 하는가 하는 얼굴로 아빠를 쳐다보았다.

"에이 그러니까 아빠가 돈이 없지. 돈을 벌려면 배를 타야 해! 배를 타고 가야 보물섬에 가잖아."

요즈음 아이는 동화책을 읽는다. 글을 익히고부터 아이는 동화책을 닥치는 대로 읽는다. 하루에 열 권도 더 읽는다. 아이들이 보고 있는 동화책을 보노라면 몇 가지 의문이 생긴다. 아이가 삼사십 분이면 한 권씩 읽어 젖히는 동화책을 만드는 이유가 뭘까? 경제적인 측면을 빼고는 그 어디에서도 이유를 찾을 수 없다.

요즈음 동화책의 내용 분량이 내 어렸을 때 읽었던 책들에 비하여 십 분의 일도 안 되고 알록달록한 그림으로 대부분이 채워져 있다. 아이들이 읽어야 하는 다른 종류의 책들에 비하여 내용도 너무 가볍다.

물론 아이를 책과 친해지게 만드는 아주 중요한 역할을 하지만, 이왕이면 내용이 좀더 알찼으면 하는 바람이다.

아이들이 크면서 돈에 대하여 알기 시작한다. 아이들이 이것을 사 달라 저것을 사 달라고 부모를 조를 때 어른들은 “돈이 없어.” 하는 식으로 ‘돈’을 주어로 하여 대답을 한다. 그러다 보니 아이들은 어느새 돈만 있으면 무엇이든지 할 수 있다고 생각하기 시작한다.

승윤이가 요즈음 읽은 동화책들 가운데 몇 권이 엄청난 돈을 버는 내용이다. 동화책들의 내용이 공교롭게도 모두 주인공들이 섬을 찾아가는 모험이고, 선악의 구분 없이 돈을 위하여 서로 싸움을 하고 보물을 차지하여 부자로 산다는 내용이다.

이야기의 시대 배경도 18세기에서 19세기 초로 지금 시대를 사는 아이들이 상황을 이해하기 위해서는 자세한 설명이 필요함에도 불구하고, 동화책의 내용은 ‘싸움에서 이겨 부자로 살았다’ 는 내용을 중심으로 전개되어 있다.

그렇다고 아이들이 읽기 쉽게 하기 위하여 압축하면서 생략해 버린 많은 내용들을 그림으로 충실하게 담고 있지도 않은 것 같다. 동화책 속의 그 그림들은 내용을 잘 이해하도록 그린 그림이라기보다는 아주 예쁘기만 한 그림이다.

그래서 승윤이가 이런 그림을 그리지 않았나 하는 생각이다.

옛날에 씌어진 동화를 그림만 예쁘게 그려 다시 내는 동화책보다는 지금의 아이들이 이해할 수 있는 시대 상황을 설정해 새로 쓴 『보물섬』이 필요하다고 느낀다.

보물섬을 찾아서

감정이입이라는 말이 있다. 영화를 보면서 주인공처럼 혹은 다른 등장인물의 입장에서 생각하고
행동한다는 뜻이다. 아이들은 감정이입을 잘한다. 그리고 그 상황을 모두 현실로 받아들인다.
그래서 아이들에게는 산타클로스도 피터팬도 보물섬도 존재한다.

나는 이 그림을 보면서 꼭 한번 아이와 함께 배를 타 봐야겠다고 생각했다. 아이의 발상 수준으로
봐서는 보물을 찾겠다고 가출을 할 분위기다. 아무리 이야기로 풀려고 해도 쉽지 않은 부분이다.
동화책의 내용을 허무맹랑하다고 이야기해 줄 수도 없고…… 그렇지 않아도 텔레비전 뉴스에
황당한 보물선 이야기가 나와 더 난감하다.

언니보다 내가 더 예뻐!

승윤이와 언니는 두 살 터울이다. 아이들이 서로 친하게 지낸다는 말은 어떤 의미인가 싶다. 같은 집에 사는 형제인데 내 머리 속에는 아이들이 기어 다닐 때를 빼고는 거의 매일 싸움을 했다는 기억이다.

나는 매일 싸움을 하는 두 아이를 보면서 '친하다' 라는 말은 매일 싸움을 한다는 뜻이라고 생각한다.

오늘도 어김없이 두 아이는 싸움을 한다. 나는 참다못하고 두 아이의 싸움에 끼어든다. 그렇게 매일 싸움을 하려거든 둘 중에 하나는 다른 집에 가서 살라고 말한다. 아이들은 언제 싸움을 했냐고 서로 떨어지지 않으려 꼭 붙들고 엉엉 운다.

과정이야 어떻든 아이들의 싸움은 울어야 끝난다.

승윤이는 욕심이 많아 언니를 따라하려고 한다. 하지만 일곱 살짜리 아이에게 2년이란 차이는 욕심만 갖고는 극복하기 힘들다. 아이는 이런 그림을 그려 아빠의 인정에 호소한다.

나는 이런 그림을 그리는 승윤이가 다분히 의도적이라고 생각한다. 왜냐하면 언니와 같이 있는 그림을 그릴 때 기본적으로 그리는 특징인 점프하는 표현을 그리지 않았기 때문이다. 꼬부라진 앞 머리카락까지 그리면서 점프하는 표현을 하지 않은 것은 나름대로 이유가 있기 때문이다.

슝윤이와 언니

내가 더 예뻐!

어른들은 보통 첫째 아이에 대한 기득권을 인정한다. 서로 싸움을 하더라도 웬만하면
첫째 아이의 역성을 들어 준다.

우리 집 아이들은 서로 치고 받는 싸움을 하지는 않지만 어른들의 간섭이 너무 이른 듯하다.
좀더 지켜봐도 될 일을 너무 일찍 어른들이 끼어들어 편을 가르다 보면 사태 파악을 제대로 못한
상태에서 첫째 아이의 손을 들어 주는 경우가 생긴다.

나는 싸움도 일종에 공부라고 생각한다. 우리 집에서 아이들 싸움에 어른들이 너무 일찍 끼어들어
나타난 부작용을 이 그림에서 찾을 수 있다. 승윤이는 말싸움이 시작되면 울기 시작한다.

서러워서 울고, 억울해서 울고, 분명 엄마에게 야단을 맞을 생각을 하니 울음이 앞선다.

첫째 아이는 싸움이 시작되면 더욱더 당당해진다. 조금만 지나면 엄마가 달려올 것이고,
동생을 마구 야단을 칠 것이고, 이 생각에 첫째 아이는 벌써 엄마가 되어서 행동을 한다.

날으는 양탄자

아이가 글을 배울 때가 되면 흔히 어른들은 아이에게 동화책을 읽어 준다. 내가 알기에도 동화의 내용은 아이들에게 무한한 꿈을, 그리고 아이가 지금까지 알고 있던 세상과 다른 세상 이야기를 전해 주는 좋은 책이다. 하지만 여기에도 부작용이 따르나 보다.

어느 날부터인가 아이는 화장실 앞에 놓여 있는 일명 '발닦개' 위에 앉아 "날아라!"를 연신 말하는 것이었다. 양탄자를 붙잡고 팔짝팔짝 뛰면서 온 집안을 헤집고 돌아다니더니 아니나 다를까 아이는 엄마가 쏘아붙인 번개를 맞고 그 자리에 어정쩡한 자세로 멎어버렸다.

내 생각에도 좀 아이의 소란이 오래간다 싶었다. 아이는 그 자세에서 한동안 눈치를 살피더니 방으로 뛰어 들어갔다. 그후 아이는 화장실 앞에 놓여 있는 발닦개의 대용품을 찾기 시작했다.

젖먹이가 있는 집이니 당연히 강보가 있다. 이 강보의 한쪽 모서리는 아이의 머리에 씌울 수 있게 모자의 형태를 하고 있다. 젖먹이가 쓰는 강보는 승윤이가 찾던 날으는 양탄자 바로 그것이었다. 친절하게 손잡이도 달려 있고.

날으는 양탄자

아이가 형태를 그리는 선은 자유롭다. 이 자유로운 선을 잘못 이해한 어른들이 아이들이 그리는 선을 지저분하다고 아니면 정확하지 않다고 말하는 경우가 자주 있다. 이런 생각을 갖고 있는 어른은 절대로 날으는 양탄자를 그릴 수 없다.

곡선은 형태를 가볍게 만든다. 간단한 예를 들어 보자. 하늘에 떠 있는 모든 형태는 다 곡선이고 자유롭다. 해와 달이 그러하고 반짝이는 별도 형태가 고정되어 있지 않다. 구름조차 그 형태선이 자유롭다. 반대로 땅에 붙어 있는 모든 형태들이 직선이다. 대표적인 것이 바람이 불어도 절대 흔들리지 않는 건물이 그것이다. 사람이 땅 위에 만들어 놓은 대부분이 직선적이다. 아이들은 누가 가르쳐 주지 않아도 이런 사실을 알고 있다.

집 앞의 교회

외람된 이야기지만 교회와 우리 집은 사이가 좋지 않다. 그 이유는 순전히 교회 탓이다.

우리 집은 담장이 없다. 담장을 헐고 주차장을 만들었기 때문이다. 내가 차를 타고 외출을 했다가 돌아오면 어김없이 누군가가 주차를 해 놓는다. 여기서 누군가는 어김없이 교회에 예배보러 온 신자들이다. 차에는 핸드폰 번호를 적어놓지만, 십중팔구는 그 번호로는 통화를 할 수 없다. 왜냐하면 그 차의 주인은 예배를 보고 있기 때문이다.

그러면 나는 할 수 없이 차의 시동을 켠 채로 대충 아무 데나 세워 두고 교회로 뛰어들어가 안내하는 사람에게 집 앞에 주차가 되어 있는 차번호를 불러 준다. 그 다음 차를 타고 동네를 계속해서 돌아야 한다.

그러는 동안 나는 아이의 전화를 받는다.

"아빠 언제 와? 빨리 와야지."

나는 집 앞에 다른 차가 주차를 하고 있어 동네를 돌고 있으니 조금 있으면 얼굴을 볼 수 있을 것이라고 아이에게 말한다. 그런 말을 한두 번 들은 것이 아니니 창문 밖으로 빤히 보이는 교회가 아이에게 좋아 보일 리 없다.

이럴 때면 아이는 교회를 향해 큰소리를 지른다.

"우리 아빠가 집에 들어오게 해 줘요!"

교회가 싫어!

우리 식구는 주차장 문제로 교회와 그리 친하게 지내지 못한다. 승윤이에게는 특히 더 그럴 만한 일이 있었다. 한번은 집앞에 내 차와 똑같은 자동차가 세워져 있었다. 그 차를 아빠 차라고 생각한 아이는 엄마와 시장을 갔다가 돌아오면서 신이 나서 집으로 뛰어 들어갔다. 아무리 아빠를 불러도, 아빠가 어디에도 보이지 않자 집 밖으로 다시 나와 차 근처를 어슬렁거렸다. 그리고 차 주인을 만난 것이다. 승윤이는 그 차가 아빠것이라고 말했지만, 그 양반 그냥 웃으며 차를 몰고 가버렸다고 했다. 아이는 엉엉 울면서 차를 따라가다가 지쳐서 돌아왔다. 그래서 집 앞에 엉뚱한 차가 주차되어 있으면 아이는 교회를 바라보며 그림과 같이 높이뛰기를 한다.

아가가 자꾸 물어 보는 이유

남자 아이는 여자 아이에 비하여 여러 면에서 늦는 듯하다. 내 기억에는 별로 불만스럽지 않게 두 딸아이는 말을 시작하였다. 오히려 생각보다 일찍 말을 시작해 혹시 이 아이가 천재가 아닌가 하는 생각도 했었다.

하지만 남자 아이인 막내는 위의 두 아이와는 차이가 나게 모든 것이 늦되다. 내 입에서 "이놈은 왜 아직도 말을 못해"라는 소리가 수십 번이 넘었을 때 막내는 말을 하기 시작했다.

잘 기억은 안 나지만, 막내는 "엄마" 소리 다음으로 한 말이 아마도 "뭐야?"라는 말이었다. 그놈이 늦되더라도 눈치가 빠한지 서기 시작하면서 만만한 승윤이를 붙잡고 따라다녔다.

어느 날 갑자기 엄마를 동생에게 빼앗겨 버린 승윤이는 혼신을 다해서 엄마에게 다가가려고 애를 썼지만, 여지없이 승윤이의 존재는 엄마로부터 묵살당했다. 동생이라는 말, 아가는 어리다는 말, 누나가 양보를 해야 된다는 말, 슬기 언니를 봐라 얼마나 점잖으냐는 말을 들으며 승윤이는 할 수 없이 B급인 아빠에게 안긴다. 그 덕에 나는 승윤이와 친해질 수 있었다.

큰 아이는 일찍부터 엄마로부터 떨어지는 연습을 해 막내가 엄마 품에 있을 때는 엄마에게 접근도 하지 않는다. 하지만 승윤이는 도저히 억울해서 안 되겠나 보다. 야단을 맞을 만큼 맞았는데도 그 무심한 엄마를 찾다가 막

성가신 동생

어린 승윤이는 질문을 많이 했다. 아이의 질문에 대답을 잘해 줘야 한다는 생각을 갖고 있는
아이 엄마가 신경질이 날 정도로 아이는 묻는 것이 엉뚱하고도 많았다. 동생도 질문이 많다.
하지만 동생은 엄마에게 하는 것보다 승윤이에게 더 많은 질문을 한다. 특히 승윤이가 맛있는
것을 먹고 있을 때는 엄청난 질문을 한다.

내에게 얼굴도 쥐어뜯기고, 머리카락도 뽑히고 수난의 연속이었다. 내가 둘째라서 그런지 둘째인 승윤이가 여간 측은하지 않다.

원수도 정이 드나 보다. 막내가 말을 하기 시작하면서 승윤이를 졸졸 따라다니며 묻는다.

"뭐야?"

동생을 울리면 엄마에게 혼이 날 게 뻔하다는 것을 아는 승윤이는 동생이 물을 때마다 대답을 해 준다. 집안의 물건 이름을 묻는 동생의 질문에는 승윤이가 참고 대답해 줄 수 있지만, 승윤이가 먹고 있는 것을 가리키며 물어보는 건 도저히 대답할 수가 없었나 보다. 승윤이는 대답을 하다가 도망을 간다. 막내는 기를 쓰고 뒤뚱거리며 따라간다. 막내는 승윤이가 먹던 것을 내놓을 때까지 묻는다.

"뭐야?" "아이스크림." "뭐야?" "아이스크림!" "뭐야?" "아이스크림이라고!" "뭐야?" "아이스크림이라고 했잖아!"

승윤이의 목소리는 한없이 올라가지만, 막내는 같은 톤으로 다시 묻는다.

"뭐야?"

결국 승윤이의 아이스크림은 막내의 손에 쥐어져 온 바닥에 흘러내리고, 승윤이는 동생에게 먹을 것을 빼앗긴 서러움으로 꺼이꺼이 울다가 결국 엄마에게 억울한 야단까지 맞는다.

"동생한테 아이스크림을 주면 어떡해. 동생은 어려서 이런 아이스크림은 먹지도 못하고 다 흘린다고 몇 번이나 말했니!"

승윤이는 서럽다.

공주병

앞에서도 말했지만, 승윤이는 공주병이 있다. 아주 중증이라는 생각이다. 승윤이는 정신이 없는 엄마에게 확실하게 요구한다. 나는 아이의 엄마보다도 아이가 더 영리하다고 생각한다. 왜냐하면 승윤이는 늘 강한 어조로 엄마에게 요구를 하고 엄마는 마치 시녀처럼 아이의 시중을 든다. 그러다 엄마가 생각하기에 '이건 좀 너무하잖아' 라는 생각이 들어야 시녀에서 엄마로 겨우 돌아온다.

내가 아무리 "엄마가 너무 애들을 챙겨서 아이들이 버릇이 없다"고 말을 해도 전혀 통하지 않는다. 오히려 나는 한소리 듣는다. 아빠가 아이들에게 너무 무관심한 것이라고. 나는 이후에 이어질 뻔한 대사를 피하기 위해 집 밖으로 담배를 피우러 나가버린다.

승윤이는 유치원에 다니면서도 신발 하나도 자기 손으로 신지 않았다. 성질이 급한 엄마는 아이를 채근하다가 못 참고 결국 아이의 신발을 신겨 유치원에 보낸다. 밥을 먹을 때도 아이는 천천히 먹는다. 결국 성질을 못 이긴 엄마가 떠 먹여 주리라는 것을 아이는 알고 있다.

그래서 아이는 매사에 느긋하다. 두 딸아이가 같은 초등학교에 다니니 같은 시간에 등교를 한다. 첫째 아이가 두 학년이 위라 조금 일찍 보내야 하는데, 서둘러 승윤이도 같이 보낸다. 두 아이의 등교 길은 당연히 싸움판이 된다. 첫째 아이는 언니로서의 책임감이 강하다. 그러니 동생을 꼭 데리고 학교에 가야 하고, 승윤이는 일찍 나섰기 때문에 천천히 학교에 가도 된다는 생각에 자꾸 뒤처지며 언니에게 심술을 부린다. 결국 첫째 아이는 언니라는 책임감 때문에 동생의 책가방을 들어 주어야 시비를 끝내고 학교에 갈 수 있다.

이런 말을 들을 때면 '둘째는 섭섭한 대접을 받는다' 에 대한 나의 편견을 의심하지 않을 수 없다.

아이의 공주병 증상이 심해지면서 그림도 변하기 시작했다. 아이의 생각에 공주는 옷을 화려하게 입으면 된다는 생각인 듯하다. 다른 그림들에 비하여 유난히 옷에 치장을 하기 시작했다. 이 또한 동화책의 영향을 받은 것 같다.

신데렐라가 공주가 되는 장면은 아주 간단하다. 그렇게 착한 신데렐라가 남루한 옷을 입고 있을 때는 아무도 공주로 인정을 하지 않다가 화려한 옷을 입고 파티장에 나타나자 공주로 본다.

이런 내용을 읽으면, 사람이 아무리 착해도 옷이 화려하지 않으면 절대로 공주가 될 수 없다고 느끼는 것은 당연하다.

공주

나는 공주병에 걸린 승윤이에게 루이자 메이 올컷의 동화 『작은 아씨들』을 주었다. 나는 승윤이가
그 동화 속의 막내딸인 에이미를 닮았다고 생각했다. 그리고 나무로 된 예쁜 빨래집게도 하나
선물했다. 에이미처럼 아이가 빨래집게를 코에 물리고 잠을 잤으면 했다.
평소에도 아이가 내게 안기면 코를 꼭 잡아주곤 했다. 아이는 그런 나를 질색했다. 그래도 나는
상관하지 않고 공주가 되려면 코가 높아야 한다고 아이를 어르며 아이의 코를 잡았다. 아이는
그림 속의 공주가 아빠에게 코를 잡히지 않게 그리지도 않았다.

키 클래!

승윤이의 그림에는 묘한 특징이 하나 있다. 그림에 자신이 언니와 같이 등장할 때마다 아이는 까치발을 하거나, 아주 조금 점프를 한다. 아이에게 거부할 수 없는 그 무엇이 자신은 언니보다 작게 그리게 하고, 작게 그려진 자신이 늘 불만이라 조금이라도 크게 보이려고 그렇게 그림을 그린다.

아이에게는 언니가 자기보다 키가 크다는 것이 불만이고, 나이가 두 살이 위라는 것도 불만이다. 어떤 면에서는 이해가 간다. 언니가 키가 크니까 언니는 새 옷을 입고, 자기는 헌 옷을 물려 받고, 언니니까 자기보다 많이 먹고, 언니니까 뭐든지 좋은 것은 먼저 하는 느낌이다.

동생이 생기고부터는 아이의 불만은 더 커졌다. 동생에게는 모든 것을 양보해야 했으니까. 가장 중요한 엄마까지. 승윤이는 변화를 꿈꾸고 있다. 언니와 비교해서 자기가 더 훌륭하다는 그림을 그리다가 그림 속의 승윤이는 점프를 하기 시작한 것이다.

내가 둘째라서일까, 아이의 그림을 남보다 더 쉽게 이해를 할 수 있다. 내가 중학교를 마칠 때까지 나는 내 형보다 키가 작았다. 나는 형에게서 모든 것을 물려 받았다. 옷은 말할 것도 없고, 교복과 교과서까지 형이 쓰다가 물려 주었다. 하루가 다르게 쑥쑥 자라는 시기라, 물건이 헐기 전에 작아져서, 또 형과 한 학년 차이라 나는 형의 모든 물건을 물려 받을 수 있는 필요충분

언니보다 컸으면

승윤이는 언니와 자기를 한 종이에
그릴 때 점프를 한 모습으로 그린다.
언니보다 작은 것이 싫기 때문이다.
언니 옷을 물려 받는 이유가
언니보다 키가 작기 때문이라고
생각하기 때문이다. 아이는
거짓말을 하지 못한다. 그래서 자기
키도 언니만 하다고 주장은 하지만
키를 맞추기 위해 어쩔 수 없이
점프하는 모습을 그리는 것이다.
그래서 발레를 배우려 한 듯하다.

조건을 갖고 있었다.

형은 물건 간수를 잘한다. 나는 물건을 함부로 쓴다. 이는 습관에서 나온 당연한 결과라고 생각한다. 나도 새것을 쓰면 간수를 잘한다. 내 기억으로는 내게 새 신발이 생겼을 때, 아주 오랫동안 신지 않고 책가방에 넣고 지냈다. 하지만 형에게 물려 받은 물건은 이미 헌것이다. 헌것을 잘 간수할 이유가 없다. 내가 좀더 철이 들었다면 그러지는 않았겠지만, 좋은 습관을 키우는 배려 차원에서라도 아이에게 새 물건은 필요하다고 생각한다.

이 물려 받기는 내가 고등학교에 다니면서 끝이 났다. 키가 크기 시작했다. 특별히 생활의 변화가 있었던 것도 아닌데 키가 크기 시작했다. 기적과도 같은 일이었다. 나는 허벅지가 트고 갈라지도록 키가 컸다. 내가 섭취하는 모든 영양분이 키로 가는지 얼굴에 버짐이 피고 빈혈로 월요일 아침 조회시간을 못 버티고 쓰러질 정도였는데도 나의 키는 매달 수치를 달리했다.

키 순서로 반 번호를 정하던 당시 내 번호는 앞번호에서 맴돌다가 2학년에 올라가면서 맨 뒷번호로 고정되어 고등학교를 졸업하였다. 내 키는 지칠 줄 모르고 새로운 기록 갱신을 하다가 대학을 졸업할 때 즈음 성장을 진정시켰다.

승윤이는 지금 언니보다 키가 작다. 나는 아이에게 말한다.

꿈을 가져라, 그러면 크기 시작할 것이다. 나는 아이에게 동화책 『이상한 나라의 엘리스』를 사 줄 생각이다. 하지만 지금은 아이에게 그 책을 사줄 시기가 아니라고 생각한다. 왜냐하면 승윤이는 언니보다 작을 뿐이지 자기 반에서는 이미 큰 아이 몇 명 중에 꼽힌다.

점프하는 승윤이

실제로 아이는 점프를 잘한다. 사실이다. 승윤이는 점프를 언니보다 높이 한다.

삼거리가 나오고 우리 집이 보여요

집으로 전화가 온다. 어른들이 정신이 없으면 승윤이가 전화를 받는다. 수화기 속에서 들리는 말은 어른을 바꿔 달라고 하지만, 승윤이는 호락호락 전화를 바꾸지 않는다. 특히 나를 찾아오는 손님의 전화를 받았을 경우, 아이는 나에게 쉽게 전화를 돌리지 않는다. 나는 아이가 말하는 것이 대견해 장난삼아 아이에게 내 전화 통화의 상대와 이야기를 시킨다.

수화기를 아이 귀에 대 주고 말을 시킨 이후 승윤이는 전화벨이 울리면 신이 나서 받았다. 일상이 좀 지루할 때, 아이들이 말하는 모습을 보는 것은 색다른 즐거움일 수 있다. 특히 아이가 수화기를 들고 말을 할 때 평소의 목소리로 하지 않는다. 상당히 얌전한 목소리로 또박또박 말을 한다. 그런 아이의 모습이 나를 즐겁게 한다.

나를 찾아오는 손님이 초행인 경우 나는 집의 위치를 설명하면서 이렇게 말을 마친다. "그 길로 쭉 내려오다 보면 삼거리가 나오고 그러면 유리 집이 보인다"고.

우리 집은 가정집을 개조하여 전면에 유리를 대어 정원을 만들고, 2층은 살림집으로 사용하고, 1층은 내 작업실로 쓰고 있었다.

아이는 늘 같은 내용으로 집의 위치를 말하는 내 전화 통화 내용의 마지막 부분을 외워 버렸다. 그래서 아이는 나를 찾는 전화에 당연히 아빠를 대

삼거리

일 더하기 일은 이인데 왜 길 하나에 길 하나가 만나면 삼거리일까?

대답하기가 만만치 않다. 길이 모이는 점에서 길의 갈래를 보면 세 방향으로 나누어져 삼거리라고 말해 주었다. 하지만 길이 모이는 관점에서 본다면 아이의 생각도 틀리지 않다. 이러한 발상은 생각의 차이이지 맞고 틀렸다고 단정할 수 없다. 아이는 아빠와 세 갈래 길을 모두 걸어다녀 봐서 집 앞 길 모양을 정확하게 그렸다. 길 하나에 또 하나가 더해진 것이라고 길을 칠한 색도 의도적으로 두 가지이다. 고집이 센 놈이다.

나는 이런 경우 아이의 생각이 틀렸다고 말하지 않는다. 같은 형태를 보고 다른 발상을 하는 경우니까. 아이들이 하는 발상에는 그 자체가 엉뚱할 수 있다. 하지만 그러한 발상은 아이가 하는 설명의 완성도와 관계없이 훌륭하다는 생각이다.

아이들은 성장에 맞추어 시점이 다양해진다고 한다. 처음에는 자신이 갖고 있는 시선에 맞추어 사물을 그리고, 성장하면서 자신을 바라보는 시점이 생기는데 이 시점이 아이의 상황에 따라 다양해진다.

203

신해서 말을 한다.

"삼거리가 나오고 그러면 우리 집이 보여요."

그 말을 꼭 하고 난 다음 아빠에게 수화기를 건넨다.

말의 뜻이 궁금해진 아이는 내게 물었다.

"아빠, 삼거리가 무슨 말이야?"

나는 아이의 손을 잡고 집 앞으로 나갔다. 그리고 우리 집 앞으로 길이 모이는 것을 설명해 주었다. 1 더하기 1이 2라는 수학을 배워 버린 아이는, 길 하나에 길 하나가 더해지는 데 왜 삼거리가 되는지 이해가 안 가 자꾸 물었다.

나는 아이의 손을 잡고 집을 중심으로 길을 하나씩 걸어갔다 오면서 숫자를 세어 보라고 했다. 아이는 분명 길을 걸으며 셋까지 세었지만, 아직도 길 하나에 길 하나가 더해지는 데 왜 삼거리가 되는지 고민하고 있다.

우리 집엔 별이 떠요

모처럼 온가족이 차를 타고 여행을 가기로 했다. 마침 9인승 승합차를 빌릴 수 있었다. 아내는 여행을 갈 때마다 집안 세간을 모두 여행지로 옮기려고 한다. 가능하다면 집 채로 옮길 여자다.

우리 가족은 호적엔 다섯, 공공시설 이용시 3점 5인, 먹을 땐 9인분, 짐싸서 여행할 땐 히말라야 등반하는 등반대가 짐꾼을 구해 지고 가는 양만큼의 한 30인분이다. 한마디로 고무줄처럼 늘어났다 줄었다 종잡을 수 없는 가족수를 갖고 있다.

한번 선심을 쓴다고 9인승 승합차를 빌려 여행을 갔다. 이 정도면 되겠지, 맘대로 실어 봐라고 생각한 내가 잘못이었다. 눈에 보이지 않는 데까지 아주 꼼꼼히 짐을 우겨넣었다. 나의 아내는 분명 여행에서 돌아올 때까지 풀지도 않을 짐까지 챙겨서 여행을 떠난다. 모두 필요한 것들이고 가져가야 할 것만 챙겼다고 주장한다. 애들 짐이 많다. 바깥에서 일하는 사람이 어찌 집안 일을 알랴. 상관하지 말라는 얼굴로 당당히 맞선다.

아이들은 아빠와 엄마의 실랑이에 아랑곳하지 않는다. 그저 집밖으로만 나가면 좋아하는 아이들이다. 아이들은 9인승 승합차의 넓은 뒷자리에서 서로 뒤엉켜 레슬링을 한다.

아이들과 여행을 떠나면서 내 희망은 아이들이 넓은 들판을 쳐다보며 생

각도 하고, 창문 너머로 지나가는 나무들 이름도 맞춰 보고, 길가에 핀 꽃들도 얘기하고 하는 평화로운 분위기를 생각했지만 단지 그런 내 생각은 꿈이었다.

　차 뒷자리에서 서로 싸우고, 울고, 싸 갖고 온 과자를 꺼내 먹겠다고 바리바리 싼 짐들을 다 풀어헤치고 이윽고 내 옆자리에서 오랜만에 남편이라고

불리는 남자와 데이트 좀 하겠다고 커피를 뽑아 마시며 풍광을 즐기던 아내
는 뒷자리로 가 그 아수라장을 순식간에 평정했다. 참으로 아줌마는 위대하
다. 하지만 아이들도 강심장이다. 아내가 내 옆자리로 돌아오고 얼마 안 되
어 다시 아수라장의 상태로 돌아갔다.

　내가 아는 아이들에 대한 상식은 이렇다. 아이들은 '배고프면 먹고, 피곤

하면 잔다' 이다. 어른이 야단을 친다고 밥을 먹지 않고 졸리지도 않는데 내일을 위해 잠을 자지는 않는다. 나는 뒤엉켜 노는 아이들이 언제 조용해질지 알고 있다. 셋 중에 누가 울기 시작하면 끝이 보인다. 그렇게 아우성치던 세 아이는 조용해졌다. 아이들이 잠든 것이다. 서너 시간의 평화가 왔다.

얼마간의 평화도 막내가 깨어나 우는 바람에 막을 내렸다. 막내 아이가 우는 바람에 다른 아이들도 잠에서 깨어났다. 아내는 거침없이 뒤로 넘어가 막내를 안아 달래고, 그 틈을 놓칠세라 승윤이가 옆자리로 넘어왔다. 차는 강원도 산길을 달리고 있었다. 차 천장에 있는 유리창를 열었다. 조그만 공간으로 강원도 하늘이 보였다. 언젠가 아내와 함께 갔었던 스위스만큼은 아니더라도 하늘의 별이 밝게 빛나고 있었다. 승윤이는 하늘을 한참이나 쳐다보았다.

"아빠 달님이 우리를 따라오네, 별들도 다 우리를 따라와."

하늘을 쳐다보던 승윤이는 눈에 별을 하나 가득 넣은 채 중얼거렸다.

"아빠, 우리가 집에 가면 별들도 다 따라왔으면 좋겠다. 우리 집의 별들은 왜 다 도망갔지? 아빠, 내가 착한 일 하면 별들이 따라올 거지?"

승윤이는 두손을 모아 기도를 하였다. 귀여운 놈.

며칠 후 나는 천장에 붙이는 야광 장난감 별 서너 봉지를 사서 집으로 향했다.

별이 따라와요

차 안에서 서로 치고 받고 난리를 치는 줄 만 알았는데, 아이는 어느새 몇 장의 그림을 그려
놓았다. 아이는 별이 차를 따라오는 게 신기했는지 차가 가는 방향에 별을 잔뜩 그려 놓았다.
아마도 머리 위로 따라오는 별들을 쳐다보다 잠이 들었나 보다.

밤새 쑥쑥 자라는 색연필

"승윤이는 키가 자꾸 자라는데 색연필은 왜 작아지지?"

아이들의 등쌀에 배겨 날 색연필이 어디 있으랴. 색연필이라는 것이 써서 다는 경우보다 조심성이 부족해 부러지는 경우가 훨씬 많다. 작아지면 아이들은 으레 새것을 생각하고, 작아진 연필을 소홀히 한다. 심지어 몰래 내다 버리기도 한다. 그리고 다 썼다고 새것을 사 달라고 한다. 색연필을 새로 사 달라는 승윤이에게 물어 보았다. 아직도 쓸 만한데 왜 사 달라고 하느냐고.

승윤이는 유치원 친구들은 모두 새 색연필이 있는데 자기 색연필은 다 닳아 조그맣다는 말을 했다. 나는 승윤이에게 『잭과 콩나무』라는 동화책을 뽑아 읽어 주었다.

"승윤이가 잭처럼 착한 아이면 색연필이 유치원 친구들 색연필처럼 쑥쑥 자라 기다란 색연필이 될 것이고, 만일 피노키오처럼 거짓말쟁이면 코가 쑥쑥 자라겠네. 그럼 어디 한번 승윤이 코가 자라나 색연필이 자라나 볼까?"라고 말하며 나는 껄껄 웃었다.

이번에는 못 도망가겠지. 이놈의 거짓말하는 버릇을 고쳐야지 하면서 나는 단단히 별렀다.

승윤이는 거짓말쟁이가 되지 않으려고 애를 쓰기 시작했다. 참으로 고민이 되나 보다. 저녁을 안 먹는다고 했다. 먹을 것이라면 모든 것을 다 팽개

왜? 작아진 나 면
내가 만이이건 마만이
쓰ㅣ서그래/ 그래서 쌈을 자아
그러면 길 께달껄

치고 달려오는 승윤이가 이번에는 제대로 걸렸다는 생각이 들었다. 승윤이가 밥을 안 먹겠다는 이유는 행여 밥을 먹는 동안 코가 자라면 어쩌나 하는 걱정 때문이었다. 방에서 나오지도 않는다. 텔레비전에서 만화영화를 한다고 언니가 소리를 쳐도 방문은 열리지 않는다.

나는 내심 걱정이 되었으나 그냥 놔두기로 하였다. 시간이 흘러 텔레비전에서 마감뉴스를 하는데도 승윤이는 방에서 나오지 않았다.

걱정스런 마음에 방문을 열고 들어가 보았다. 아니나 다를까 승윤이는 책상에 엎드려 잠이 들어 있었다. 잠든 딸아이를 침대에 누이던 순간 나는 어이가 없어 웃어 버렸다.

승윤이의 책상 위 창틀에 있는 화분에 몽당 색연필이 나란히 꽂혀져 있었다. 그리고 종이에는 화분에서 쭉쭉 자란 색연필들이 그려져 있었다.

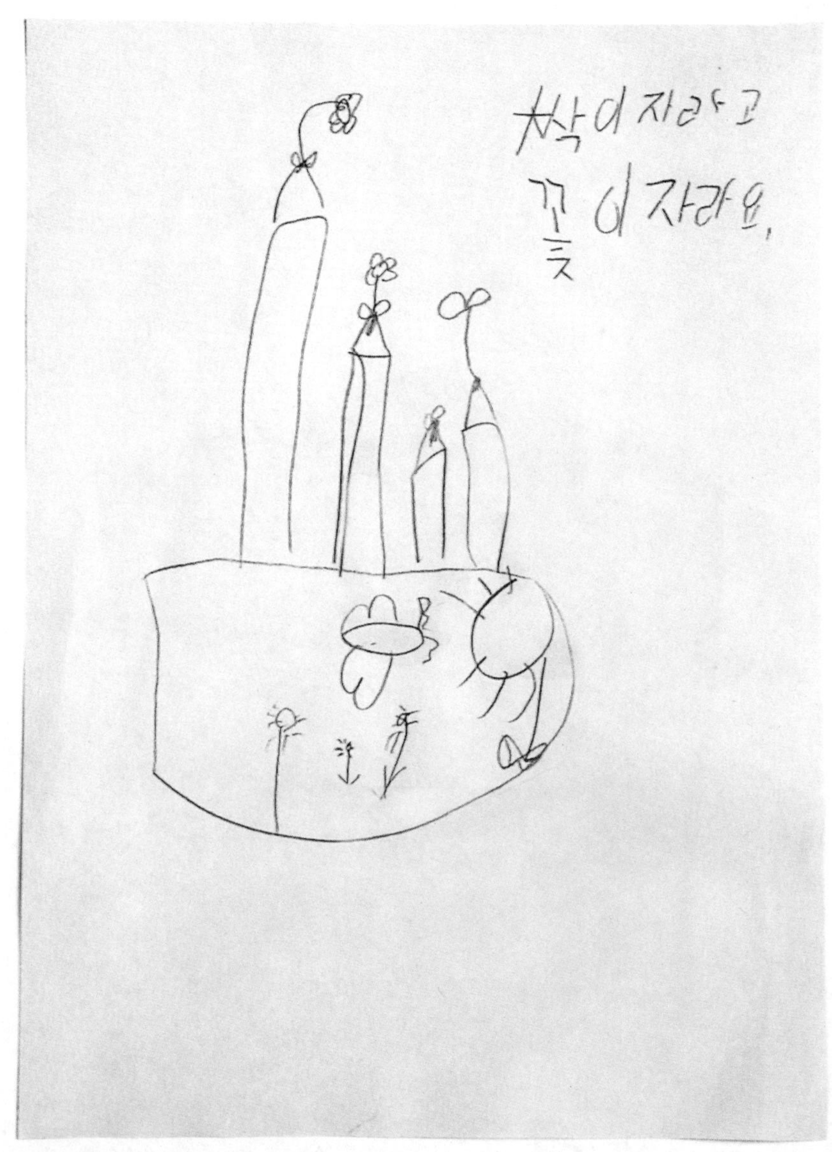

쑥쑥 자라거라 색연필들아!

이 정도면 한 편의 동화라고 할 수 있다. 작은 몽당 색연필이 어떻게 하면 다시 새 색연필이 될 수 있나를 생각하고 그린 그림이다. 페터 빅셀의 『책상은 책상이다』라는 동화를 읽어 본 어른이라면 이러한 발상이 아이에게 얼마나 가치 있는지를 인정할 것이다. 그래서 나도 이 그림을 이 책의 맨 마지막에 두었다.

마치면서

"나는 아이가 나를 필요로 할 때, 늘 곁에 있었다"고 말하는 이원숙 씨의 이야기를 들으면서 거짓말이라고 생각했다.

나는 아이가 나를 필요로 할 때, 거의 곁에 있어 주지 못했다. 아니 꼭 곁에 있어 주어야 할 때에도 그러지 못했다. 늘 한 가지 이유에서 그러했다. "일이 너무 많아!" 이 말이 바쁜 나를 '아이가 나를 필요로 할 때 내가 아이 곁에 없음'을 정당화시킬 수 있을 것이라 생각했었다. 그래서 아이들이 나를 찾았을 때마다 바쁘다고 당연히 말을 했었다. 적어도 아이에게 "왜 아빠는 나한테만 바쁘다고 그러냐, 일한테도 바쁘다고 말하라"는 말을 들을 때까지 그랬었다.

나는 아이에게 뛰어갈 수밖에 없었다. 내가 아이로부터 돌아왔을 때 나의 일은 어김없이 나의 빈자리를 보여 주었다. 나는 현실을 원망했다. 솔직히 아이 엄마를 더 원망했었다. 내가 무능하다고 말하기가 너무도 힘들었다.

나는 아이에게서 '아빠, 힘내세요' 선물을 받았을 때 숨고 싶었다. 아이의 선물은 한동안 집과 일 두 가지 모두 힘겨워하는 내게 세상을 긍정적으로 볼 수 있는 마음을 주었다. 나는 아이 덕에 내 곁에서 나를 지켜 주는 사람들을 다시 볼 수 있었다.

사소한 마음으로 아이의 그림을 모아 두었다. 아이가 그림을 그리며 하는 말이 재미가 있어 몇 자씩 적어 두었다. 그 일은 계획을 잡아서 하는 일도, 성가신 일도 아니다. 청소하는 김에 분리 수거하듯 아이 그림을 따로 모아 둔 것이고, 그 그림들을 기억하기 위해 앨범사진에 몇 자 적듯이 하였다. 나는 앨범사진을 보면서 추억을 떠올리듯 아이가 그린 그림을 보면서 즐거워했었다. 앨범 속의 사진들이 작품사진이라는 생각은 하지 않는다.

아이의 그림을 가지고 작품을 만들기 시작하면서 아이가 했던 그림 속의

이야기들은 사라지기 시작했다. 다행히 아이의 그림 속에 이야기가 돌아왔다.

이야기가 아이의 그림 속으로 다시 돌아올 때까지 나와 아이는 혼돈 속에 있었다.

나는 아동 미술 전문가가 아니라는 이유에서 혼란스러웠고, 아이는 아빠가

좋아하는 그림과 학교에서 그리는 그림이 다르다는 사실에 혼란스러웠다.

이런 내게 아동심리를 전공한 친구의 한마디 말이 힘이 되었다. 아무리 훌륭한

전문가도 아이부모보다 못하다는 말 한마디가. 그는 부모의 마음을 믿는다고 했다.

나는 아이가 이렇게 그림을 계속 그렸으면 한다. 그리고 나는 아이에게 평생 이런

그림 선물을 받았으면 좋겠다.